Hackfleisch-Kochbuch

Marianne Nicolin

Das abwechslungsreiche Hackfleisch Kochbuch

Buch und Zeit
Verlagsgesellschaft mbH · Köln

ISBN 3-8166-9559-0

Titelbild: TLC-Foto-Studios GmbH, Bocholt
Fotos: Archiv

Gesamtherstellung: Ebner Ulm

1999955986X7 2635 4453 6271

Inhaltsverzeichnis

Abkürzungen

EL	Eßlöffel
TL	Teelöffel
E-Herd	Elektroherd
Gas	Gasherd

Alle Rezepte sind für vier Personen berechnet.

Wissenswertes über Hackfleisch

Hackfleisch ist das in Deutschland meistgekaufte Fleisch, da es nach wie vor preiswert angeboten wird. In Österreich ist es als »Faschiertes« nicht weniger beliebt.
Die Verarbeitung und die Zubereitungsmöglichkeiten sind sehr vielseitig. Eine Auswahl verschiedener Rezepte bietet dieses Büchlein. Sie finden dadurch immer wieder eine Abwechslung für Ihren Speiseplan.
Sehr viele Hackfleischgerichte können Sie innerhalb einer halben bis dreiviertel Stunde auf dem Tisch haben. Eine erhebliche Zeiteinsparung für alle, die nicht zu lange in der Küche stehen wollen. Wenn man Hackfleisch verwendet, das grundsätzlich nur aus einwandfreiem Fleisch hergestellt werden darf, sollte man immer daran denken, es besonders pikant zu würzen. Während des Garens verliert es nämlich einen Teil seiner Geschmacksstoffe.

Kleine Warenkunde

Der Begriff Hackfleisch ist durch die Hackfleischverordnung wie folgt definiert:
Hackfleisch (Gehacktes, Gewiegtes, Mett) ist rohes, von groben Sehnen befreites Skelettmuskelfleisch von warmblütigen Schlachttieren in zerkleinertem Zustand ohne jeden Zusatz.
Hackfleisch kann zwar aus Skelettmuskelfleisch verschiedener Tierarten zubereitet werden. Handelsüblich jedoch ist Hackfleisch von Rind- und Schweinefleisch, während Hackfleisch von Kalb- und Hammelfleisch nur auf besonderes Verlangen hergestellt wird.

Wir unterscheiden folgende Hackfleischarten:

Schabefleisch
auch Tatar oder Beefsteakhack genannt, ist feinzerkleinertes, schieres (fett- und sehnenarmes), rohes Skelettmuskelfleisch vom Rind ohne jeden Zusatz. Die Zerkleinerung erfolgt entweder durch den Fleischwolf oder durch Schaben mit einem Messer.

Rinderhackfleisch
unterscheidet sich vom Schabefleisch durch die Verarbeitung von durchwachsenem Fleisch, woraus ein höherer Fettgehalt resultiert.

Schweinehackfleisch
wird nur aus Schweinefleisch, analog dem Rinderhackfleisch, zubereitet.

Gemischtes Hackfleisch
wird aus durchwachsenem Rinder- und Schweinefleisch hergestellt. Auf Wunsch natürlich auch aus Kalb- und Hammelfleisch.

Ochsenhack
wird aus fettreichem Ochsenfleisch hergestellt. Es ist meistens nur regional im Angebot.

Zubereitetes Hackfleisch
Hackepeter, Thüringer Mett, Schweinemett und ähnliche Zubereitungen sind Sammelbezeichnungen für Hackfleisch oder Schabefleisch, dem Speisesalz, Zwiebeln und Gewürze zugesetzt sind.

Zur Herstellung von Hackfleisch und zubereitetem Hackfleisch darf nur frisches Skelettmuskelfleisch verwendet werden. Jeg-

licher Zusatz von Innereien, Sehnen, Blut, Talg, Speck oder Flomen, Wasser, Bindemitteln, Frischhaltesalzen und Konservierungsstoffen ist nach der Hackfleischverordnung untersagt. Auch der Zusatz von Gewürzen zum Zwecke der Färbung ist nicht erlaubt. Weiterhin ist die Verarbeitung von gesalzenem, gekochtem, gedämpftem, gebrühtem, gepökeltem oder sonst nicht frischem Fleisch zu Hackfleisch verboten.
Alle oben angeführten verbotenen Zusätze dürfen selbst bei entsprechender Kenntlichmachung dem Hackfleisch nicht beigefügt werden.
Frisches Hackfleisch darf nur in solchen Geschäften verkauft werden, deren Besitzer oder die für Herstellung und Inverkehrbringen dieser Erzeugnisse verantwortlichen Personen in die Handwerksrolle des Fleischerhandwerks eingetragen sind.
Hackfleisch muß stets frisch zubereitet werden und darf weder während des Transportes noch während der Lagerung die Temperatur von + 4 °C überschreiten. Nur vor der unmittelbaren Abgabe darf sie bis zu + 7 °C betragen.
Hackfleisch muß eine leuchtend frische Farbe haben, es darf nicht wäßrig glänzen oder matt und blau aussehen.

Die einzelnen Hackfleischarten unterscheiden sich natürlich im Fettgehalt. Nach Bestimmungen der Hackfleischverordnung ist der gesonderte Zusatz von Fett jeder Art verboten, so daß als Fettgehalt nur das der Skelettmuskulatur anhaftende und eingelagerte Fleischfett in Frage kommt.
Es dürfen haben:

Schabefleisch	nicht mehr als 6 % Fett
Rinderhackfleisch	nicht mehr als 20 % Fett
Schweinehackfleisch	nicht mehr als 35 % Fett
Gemischtes Hackfleisch	nicht mehr als 30 % Fett

In den Handel kommt Hackfleisch entweder frisch oder tiefgefroren.

Zu tiefgefrorenem Hackfleisch darf nur frisches Fleisch verwendet werden. Durch das Gefrieren können weder Qualitätsmängel verdeckt, noch die Qualität verbessert werden. Bei Tiefgefrierhackfleisch ist die Haltbarkeitsdauer auf drei Monate beschränkt. Wichtig dabei ist, daß die Tiefkühlkette von – 18° C nicht unterbrochen werden darf.

Die Rezepte

Kleine Gerichte

Bunte Hackfleischsuppe

Zutaten
1 Zwiebel
1 EL Margarine
2 rote Paprikaschoten
1 l Hühnerbrühe
150 g Rinderhackfleisch
1 kleine Dose Erbsen sehr fein
1 kleine Dose Maiskörner
1 Bund Petersilie

Zubereitung

1. Zwiebel schälen, würfeln und in der heißen Margarine glasig dünsten.

2. Die Paprikaschoten waschen, aufschneiden, Stielansatz und Körner entfernen. In feine Streifen schneiden. Mit den Zwiebelwürfeln kurz dünsten.

3. Mit der Hühnerbrühe auffüllen.

4. Das Rinderhackfleisch, die Erbsen und die Maiskörner hinzufügen und bei geringer Hitze garen. Vor dem Servieren mit feingehackter Petersilie bestreuen.

Vorbereitungszeit: ca. 10 Minuten

Garzeit: ca. 15 Minuten

Blumenkohlcremesuppe mit Hackfleisch

Zutaten

1 mittelgroßer Blumenkohl
1 l Würfelbrühe
200 g gemischtes Hackfleisch
2 EL Öl
Cayennepfeffer, Salz
30 g Butter
30 g Mehl
1 Eigelb
⅛ l Sahne
Currypulver, Petersilie

Zubereitung

1. Den Blumenkohl von Blättern und Strunk säubern. Röschen abpflücken, putzen und mit kaltem Wasser abbrausen.
2. Die Würfelbrühe zum Kochen bringen und Blumenkohlröschen darin etwa 20 Minuten weich kochen.
3. In der Zwischenzeit das Hackfleisch in dem Öl anbraten und mit Cayennepfeffer und Salz pikant würzen. Das Hackfleisch zur Seite stellen.
4. Den Blumenkohl nach dem Garen durch ein Sieb passieren. Die Butter im Topf zerlassen, das Mehl darüberstäuben und hellgelb durchschwitzen. Die Gemüsebrühe zugeben. Suppe bei geringer Wärme ca. 10 Minuten sieden lassen.
5. Das Hackfleisch hinzugeben und mit dem Eigelb und der Sahne legieren.
6. Etwas Currypulver überstäuben und mit feingehackter Petersilie bestreut zu Tisch bringen.

Vorbereitungszeit: ca. 15 Minuten

Garzeit: ca. 30 Minuten

Champignonsuppe mit Hackfleisch

Zutaten

40 g Butter
400 g Champignons
1 Zwiebel
200 g Hackfleisch
¾ l Brühe
1 EL Mehl
¼ l Sahne
Salz
Muskat
Currypulver
Pfeffer
2 Tomaten
1 EL gehackte Petersilie

Zubereitung

1. Die Butter im Topf zerlassen, die gewaschenen und in dünne Scheibchen geschnittenen Champignons mit der feingehackten Zwiebel dünsten.

2. Das Hackfleisch mit 2 Gabeln fein zerpflücken und mitdünsten.

3. Die Brühe und die mit dem Mehl verrührte Sahne zugießen, aufkochen und ca. 15 Minuten leicht sieden lassen. Zum Schluß mit Salz, Pfeffer, Currypulver und Muskat abschmecken.

4. Vor dem Servieren das in feine Würfel geschnittene Tomatenfleisch und die gehackte Petersilie unterziehen.

Vorbereitungszeit: ca. 20 Minuten

Garzeit: ca. 15 Minuten

Hackfleischsuppe

Abbildung S. 17

Zutaten

3 EL Olivenöl
50 g durchwachsener Speck
250 g gemischtes Hackfleisch
1 Zwiebel
1 rote und
1 grüne Paprikaschote
1 mittelgroße Bleichsellerie
2 Knoblauchzehen
1 TL Salz
2 EL Tomatenmark
1 Tasse Rotwein
¾ l Fleischbrühe
1 TL Thymian
1 TL Rosmarin
1 Prise Salz
½ TL weißer Pfeffer
1 Tasse Sahne
1 Bund Petersilie
1 Tasse geriebener Parmesan

Zubereitung

1. Das Olivenöl in einem Topf erhitzen und den feingewürfelten Speck darin auslassen.
2. Das Hackfleisch dazugeben und Farbe nehmen lassen.
3. Die Zwiebel und die Paprikaschoten entsprechend putzen und in dünne Streifen schneiden.

4. Die Bleichsellerie putzen und in dünne Scheiben schneiden.
5. Die Knoblauchzehen mit dem Salz zerreiben, mit dem Gemüse zum Hackfleisch geben und kurz mitschwitzen.
6. Das Tomatenmark unterrühren, mit dem Rotwein und der Fleischbrühe auffüllen, mit dem Thymian, dem Rosmarin, dem Salz und dem Pfeffer abschmecken und zugedeckt etwa 25 Minuten köcheln lassen.
7. Vor dem Servieren die Sahne unterziehen und mit der frisch gehackten Petersilie bestreuen.
8. Den geriebenen Parmesan extra dazu reichen.

Vorbereitungszeit: ca. 20 Minuten

Zubereitungszeit: ca. 30 Minuten

Hackfleischsuppe mit Champignons und Tomaten

Zutaten

2 EL Öl
200 g Hackfleisch
2 Zwiebeln, 1 Knoblauchzehe
500 g frische Champignons
500 g Tomaten
1 EL gehackte Petersilie
2 EL Mehl
1 l Würfelbrühe
1 EL Sojasauce
Salz, Paprikapulver
1 Schnapsglas Weißwein

Zubereitung

1. Das Fett im Topf erhitzen, das Hackfleisch darin anbraten.
2. Die Zwiebeln schälen, würfeln.
3. Die Knoblauchzehe schälen, mit einer Gabel zerdrücken.
4. Die Champignons putzen, waschen und in Scheiben schneiden.
5. Die Tomaten mit kochendem Wasser überbrühen, häuten und in Achtel schneiden.
6. Alles zu dem angerösteten Hackfleisch geben, die gehackte Petersilie und das Mehl darüberstreuen und mit der Brühe auffüllen, Gewürze hinzufügen. Die Suppe gar ziehen lassen und zum Schluß den Weißwein hinzufügen.

Vorbereitungszeit: ca. 20 Minuten

Garzeit: ca. 30 Minuten

Hackfleischsuppe, Rezept S. 14/15

Käsesuppe mit Hackfleischeinlage

Zutaten

4 Zwiebeln
50 g durchwachsener Speck
2 EL Öl
250 g gemischtes Hackfleisch
Salz
Knoblauchpulver
frisch gemahlener weißer Pfeffer
1 l Wasser
1 Beutel Champignoncremesuppe
2 Ecken Schmelzkäse mit Champignongeschmack

Zubereitung

1. Die Zwiebeln schälen und in feine Würfel schneiden.
2. Den Speck würfeln und im heißen Öl auslassen.
3. Das Hackfleisch hinzufügen und anbraten. Zwiebelwürfel untermischen. Mit Salz, Knoblauchpulver, frisch gemahlenem Pfeffer würzen.
4. Mit Wasser auffüllen und die Champignoncremesuppe nach Anweisung des Herstellers einrühren. Die Suppe bei geringer Hitze gar ziehen lassen. Zum Schluß den grob geschnittenen Schmelzkäse unterrühren.

Vorbereitungszeit: ca. 15 Minuten

Garzeit: ca. 15 Minuten

Fleischbrühe mit Klößchen

Zutaten

250 g Rinderknochen
250 g Rindfleisch (Schwanzstück)
1 Bund Suppengrün
1 Tomate
1 Zwiebel
1 Lorbeerblatt
3 Nelken
2 Knoblauchzehen
1 l Wasser
Salz
30 g Margarine
100 g gemischtes Hackfleisch
3 EL Semmelbrösel
1 Ei
Salz
Majoran
½ TL Senf
¼ TL Meerrettich aus der Tube
1 Bund Petersilie

Zubereitung Fleischbrühe

1. Die Knochen, das Fleisch und das Suppengrün gründlich waschen.
2. Das Gemüse grob zerkleinern.
3. Die Zwiebel mit Lorbeerblatt und 3 Nelken spicken.
4. Die Tomate in Scheiben schneiden.
5. Knoblauchzehe schälen.
6. Die Knochen, das Suppengrün, die Tomatenscheiben und die Gewürze kalt mit Salzwasser im Schnellkochtopf ansetzen.

7. Das Fleisch erst in das kochende Wasser geben und einmal gut aufkochen. Nach Belieben abschäumen und den Topf schließen.
8. Das fertiggekochte Fleisch aus der Brühe nehmen und zum Kaltaufschneiden zur Seite legen. (Verwendung nach Belieben) Suppe absieben.

Wenn kein Schnellkochtopf zur Verfügung steht: Alle vorbereiteten Zutaten zusammen in einen Topf geben. Salzwasser hinzufügen. Das Ganze bei milder Temperatur langsam zum Kochen bringen und leicht wallend gar kochen. Weitere Zubereitung wie oben.

Zubereitung Klößchen
1. Die Margarine verrühren und alle weiteren Zutaten der Reihe nach hinzufügen und zusammen gut durcharbeiten.
2. Mit feuchten Händen aus der Masse kleine Klößchen formen.
3. In der fertigen Brühe fünf Minuten kochen und danach noch einige Minuten ziehen lassen.
4. Vor dem Anrichten feingehackte Petersilie überstreuen.

Vorbereitungszeit: ca. 20 Minuten

Garzeit der Brühe im Schnellkochtopf: ca. 30 Minuten

Garzeit der Brühe im Normaltopf: ca. 2 Stunden

Garzeit der Klößchen insgesamt: ca. 10 Minuten

Sauerkrautsuppe mit Speck und Hackfleisch

Zutaten

20 g Fett
50 g Speck
250 g gemischtes Hackfleisch
1 Zwiebel
250 g Sauerkraut
1 große Kartoffel
1 l Würfelbrühe
Salz
Paprikapulver scharf

Zubereitung

1. Das Fett mit dem in Würfel geschnittenen Speck im Topf zerlassen. Das gemischte Hackfleisch unter gelegentlichem Rühren im Fett anbraten.
2. Die Zwiebel schälen und in Würfel schneiden. Nach etwa 5 Minuten die gewürfelte Zwiebel hinzufügen und 5 Minuten mitrösten.
3. Das Sauerkraut mit einer Gabel zerpflücken und zerschneiden.
4. Die Kartoffel schälen und in Würfel schneiden.
5. Das Sauerkraut, die Kartoffel, die Würfelbrühe sowie die Gewürze zum Hackfleisch geben und garen.

Vorbereitungszeit: ca. 15 Minuten

Garzeit: ca. 20 Minuten

Bananen-Toast

Zutaten

4 Scheiben Toastbrot
2 TL Butter
150 g gemischtes Hackfleisch
1 TL Öl
4 TL Tomatenketchup
frisch gemahlener Pfeffer
Currypulver
2–3 Bananen
4 Scheiben Emmentaler
1 Bund Petersilie
4 TL eingelegte rote Paprikaschoten

Zubereitung

1. Die Toastbrote toasten. Eine Seite mit Butter dünn bestreichen. Das Hackfleisch in dem Öl braun braten. Auf die Toastscheiben verteilen.
2. Den Tomatenketchup darüberstreichen und mit Pfeffer und Currypulver überstäuben.
3. Die Bananen in etwas dickere, schräge Scheiben schneiden und das Hackfleisch damit belegen.
4. Mit den Käsescheiben abdecken und im vorgeheizten Grill oder Backofen goldgelb überbacken.
5. Die Toastbrote mit angerichteten Petersiliensträußchen und feingeschnittenen Paprikaschoten garniert, servieren.

Zubereitungszeit: ca. 20 Minuten

Hackbraten auf Toast

Zutaten

250 g gemischtes Hackfleisch
1 Brötchen
1 Ei
1 EL Kapern, 1 EL grüne Pfefferkörner
Paprikapulver, Majoran, Zwiebelsalz
2 gekochte Eier
4 runde Toastscheiben
2 TL Butter
4 gefüllte Oliven, 2 TL Kaviar

Zubereitung

1. Aus dem Hackfleisch, dem eingeweichten, wieder ausgedrückten Brötchen, dem Ei, den gehackten Kapern, den grünen Pfefferkörnern, Paprikapulver, Majoran, Zwiebelsalz einen sehr pikanten Hackfleischteig zubereiten.
2. Einen kleinen Braten formen und die zwei gekochten Eier in den Braten drücken, so daß sie rundum mit Hackfleisch bedeckt sind. In der Bratfolie im vorgeheizten Backofen braten.
3. Nach dem Auskühlen den Braten in gleichmäßige schräge Scheiben schneiden. Die Toastscheiben rund schneiden, mit Butter bestreichen und mit Paprikapulver bestreuen. Die gefüllten Hackfleischscheiben darauf anrichten. Die Eigelbmitte mit Kaviar und aufgeschnittenen Olivenscheiben garnieren.

Gas: Stufe 4 **E-Herd:** 220 °C

Vorbereitung: ca. 20 Minuten

Garzeit: ca. 35 Minuten

Fertigstellung: ca. 15 Minuten ohne Abkühlzeit des Bratens

Hackfleisch mit Ei auf Toast

Zutaten

1 TL Margarine
300 g gemischtes Hackfleisch
1 Zwiebel
Cayennepfeffer
Salz
2 EL Pfifferlinge (Konserve)
4 Eier
Muskat
1 TL Kräuter der Provence
4 Scheiben Toastbrot
2 TL Butter

Zubereitung

1. Die Margarine in der Pfanne zerlassen. Das Hackfleisch darin mit der geschälten, gewürfelten Zwiebel und den Gewürzen braten.
2. Die Pfifferlinge mit durchdünsten.
3. Die Eier mit einem Schneebesen aufschlagen, Muskat, Salz sowie Kräuter hinzufügen und zu der Hackfleischmasse geben. Unter gelegentlichem Rühren stocken lassen.
4. Auf den getoasteten und gebutterten Brotscheiben anrichten und servieren.

Zubereitungszeit: ca. 30 Minuten

Hackfleischtoast

Zutaten

300 g gemischtes Hackfleisch
1 Brötchen
1 Ei
1 Zwiebel
Paprikapulver
Pfeffer
Salz
Senf
2 EL Öl
4 Scheiben Toastbrot
8 halbe Aprikosen
4 Scheiben Schnittkäse

Zubereitung

1. Aus dem Hackfleisch, dem eingeweichten, wieder ausgedrückten Brötchen, dem Ei, der geschälten und gewürfelten Zwiebel sowie den Gewürzen einen pikanten Hackfleischteig zubereiten und flache Frikadellen formen.
2. Das Öl in der Pfanne erhitzen und die Frikadellen darin je Seite ca. 4 Minuten braten.
3. Die Toastscheiben toasten, die Frikadellen darauf verteilen, ebenso die Aprikosen und den Schnittkäse.
4. Die Toaste im vorgeheizten Backofen überbacken.

Vorbereitungszeit: ca. 15 Minuten

Garzeit der Frikadellen: ca. 8 Minuten

Überbacken: ca. 3 Minuten – bis der Käse schmilzt und leicht gebräunt ist.

Schlemmerpasteten

Zutaten

1 EL Öl
250 g Schweinehackfleisch
Salz
frisch gemahlener Pfeffer
1 Päckchen Dillsauce
1 EL Kapern
1 EL Crème fraîche
1 Bund Dill
4 Pasteten fertig gekauft
4 Salatblätter
4 Zitronenschnitze

Zubereitung

1. Das Öl im Topf erhitzen und unter Rühren das Schweinehackfleisch braten. Mit Salz und frisch gemahlenem Pfeffer würzen.
2. Die Dillsauce nach Anweisung des Herstellers zubereiten.
3. Die Kapern zerhacken und mit der Crème fraîche in die Sauce rühren.
4. Zum Schluß das Hackfleisch unterziehen und 10 Minuten bei geringer Hitze ziehen lassen.
5. In der Zwischenzeit die Pasteten im Backofen aufbacken. Dann mit der Füllung füllen und den frisch geschnittenen Dill überstreuen oder mit Dillzweigen garnieren. Auf den gewaschenen Salatblättern mit Zitronenschnitzen anrichten.

Vor- und Zubereitungszeit: ca. 20 Minuten

Tataren-Toast

Zutaten

4 Scheiben Toastbrot
20 g Butter
200 g Tatar
1 Eigelb
1 Zwiebel
1 TL Sardellenpaste
1 TL Senf
1 TL Paprikapulver rosenscharf
Salz
Pfefferpulver
2 grüne Paprikaschoten
2 hartgekochte Eier
einige Pistazienkerne

Zubereitung

1. Die Toastscheiben toasten. Dünn mit Butter bestreichen.
2. Das Tatar mit dem Eigelb, der geschälten und gewürfelten Zwiebel, der Sardellenpaste, dem Senf, dem Paprikapulver gut vermischen und mit Salz und Pfefferpulver abschmecken.
3. Das so vorbereitete Tatar auf den Brotscheiben verteilen.
4. Mit den in Ringe geschnittenen Paprikaschoten belegen.
5. Die Eier grob hacken, die Toastscheiben damit bestreuen und mit Pistazienkernen garnieren.

Vor- und Zubereitungszeit: ca. 25 Minuten

Sardellenbissen mit Hackfleisch

Zutaten

20 g Pflanzenfett
400 g gemischtes Hackfleisch
1 Ei
1 Zwiebel, 2 Knoblauchzehen
1 TL grüne Pfefferkörner
einige Spritzer Zitronensaft
Salz, Paprikapulver
4 Scheiben Vollkorntoast
4 TL Butter
4 Salatblätter
16 Sardellenfiletstreifen aus dem Glas
2 Tomaten
Petersilie

Zubereitung

1. Das Hackfleisch mit dem Ei, der geschälten, gewürfelten Zwiebel, den geschälten, zerdrückten Knoblauchzehen sowie den weiteren Gewürzen zubereiten.
2. Die Hackfleischmasse unter Rühren braten.
3. Die Vollkorntoastscheiben toasten, mit Butter bestreichen.
4. Mit den gewaschenen und abgetrockneten Salatblättern belegen. Darauf das gegarte Hackfleisch verteilen.
5. Die Sardellenfilets mit kaltem Wasser abwaschen und sternförmig auf den Toastscheiben anrichten.
6. Die Tomaten waschen, in Scheiben schneiden und die Toastscheiben damit garnieren. Mit gehackter Petersilie bestreuen.

Vor- und Zubereitungszeit: ca. 25 Minuten

Kleine Hackfleischomeletts

Zutaten

Teig:

3 Eiweiß

1 Prise Salz, 1–2 TL Zitronensaft

3 Eigelb

1 EL gehackte Kräuter

Butter zum Backen

Füllung:

200 g Hackfleisch

12 Spargelspitzen aus der Dose

20 g Fett

Pfeffer, Salz

1 TL Sojasauce

einige Spritzer Tabascosauce

Zubereitung

1. Die Eiweiße mit dem Salz und dem Zitronensaft sehr steif schlagen.

2. Die verquirlten Eigelbe unterheben, Kräuter untermischen.

3. Die Butter in einer Pfanne zerlassen und aus der Eiteigmasse vier untertellergroße Omelettes zugedeckt backen.

4. Die Hackfleischmasse während der Backzeit der Omeletts mit den Gewürzen in einer zweiten Pfanne braten.

5. Das fertige Hackfleisch auf die Omeletts verteilen, jeweils 3 Spargelspitzen dazulegen. Zu einer Tasche zusammenklappen und warm servieren.

Vorbereitungszeit: ca. 10 Minuten

Garzeit: ca. 15 Minuten

Gefüllte Kümmelstangen

Zutaten

2 Eier
4 Pfeffergurken
2 EL rote Paprikastreifen aus dem Glas
200 g Tatar
1 TL grüner Pfeffer
frisch gemahlener Pfeffer
Salz
Kräuter der Provence
4 Kümmelstangen

Zubereitung

1. Die Eier hart kochen und würfeln.
2. Die Pfeffergurken sehr fein würfeln, ebenso die gut abgetropften Paprikastreifen. Alles zusammen mit dem Tatar gut vermischen und mit den Gewürzen abschmecken.
3. In der Zwischenzeit die Kümmelschuster im heißen Backofen aufbacken. Dazu die Kümmelschuster längs aufschneiden und die weichen Krumen mit einem Löffel ausstreichen.
4. Die aufgebackenen Kümmelschusterhälften mit dem angemachten Tatar bestreichen und noch warm servieren.

Zubereitungszeit: ca. 25 Minuten

Gemüsesuppe mit Hackfleisch und Roquefort

Zutaten

500 g gut durchwachsenes Rindfleisch
2 Markknochen
1 l Wasser
Salz
1 Bund Suppengrün
1 Zwiebel
1 Lorbeerblatt
4 Nelken
200 g Rinderhackfleisch
1 EL Öl
Salz
frisch gemahlener Pfeffer
250 g Kartoffeln
1 Packet Tiefkühl-Suppengemüse
1 Messerspitze Safran
200 g Roquefort

Zubereitung

1. Das gewaschene Fleisch und die Markknochen in kaltem Salzwasser ansetzen und nach dem Aufkochen ca. 60 Minuten sieden lassen.
2. Dann das geputzte Suppengrün, die geschälte Zwiebel mit Lorbeerblatt und Nelken gespickt, hinzufügen und weitere 20 Minuten garen.
3. In der Zwischenzeit Rinderhackfleisch in heißem Öl, gewürzt mit Salz und Pfeffer, unter häufigerem Rühren braun braten und warm halten.
4. Die Kartoffeln schälen und in Würfel schneiden.

5. Die Fleischbrühe abgießen und nun das Tiefkühl-Suppengemüse, die Kartoffeln und eine Messerspitze Safran hinzufügen. Bei geringer Hitze in ca. 20–25 Minuten fertiggaren.
6. Vor dem Servieren das Hackfleisch mit dem in Flocken geschnittenen Roquefort unterziehen.
7. Das Rindfleisch in Scheiben schneiden und für eine nächste Mahlzeit – vielleicht mit Meerrettichsauce – einfrieren.

Vorbereitungszeit: ca. 20 Minuten

Garzeit insgesamt: ca. 120 Minuten

Tatarbrote

Zutaten

4 Scheiben Bauernbrot
(oder Vollkornbrot)
4 TL Butter
250 g Tatar
1 große Zwiebel
4 kleine Eier
(davon die Eigelb)
Pfeffer
Salz
Paprika
4 Gewürzgurken
Petersilie

Zubereitung

1. Die Brotscheiben mit Butter bestreichen und das Tatar daraufhäufen. In die Mitte mit einem Löffel eine kleine Vertiefung drücken.
2. Die Zwiebel schälen, waagrecht in Scheiben schneiden und die Ringe auseinanderdrücken. Jeweils einen größeren Zwiebelring um die Vertiefung in die Mitte legen.
3. Die Eier vorsichtig über der Tasse aufschlagen, das Eigelb jeweils in einer Eischale lassen und das Eiweiß in die Tasse laufen lassen. Das Eigelb dann in die Vertiefung des Tatars geben.
4. Mit frisch gemahlenem Pfeffer, Salz und Paprika würzen (oder jeder macht das bei Tisch selbst!). Die Gewürzgurken in Scheiben oder als Fächer schneiden.
5. Die Brote auf Portionstellern oder einem Holzbrett anrichten und mit Gurke, Petersilie und Zwiebelringen garnieren.

Zubereitungszeit: ca. 10 Minuten

PAPRIKA

Tatarbrote, Rezept S. 34

Hauptgerichte

Chili con Carne

Zutaten

1 Zwiebel
1 Knoblauchzehe
2 EL Öl
375 g gemischtes Hackfleisch
1 kleine Dose Tomatenmark
Chilipulver
Salz
Paprikapulver
1 l Wasser
1 Dose rote Kidneybohnen
1 EL gehackte Petersilie

Zubereitung

1. Die Zwiebel schälen, fein würfeln.
2. Die Knoblauchzehe schälen, zerdrücken und zusammen mit den Zwiebelwürfeln im heißen Öl anbraten.
3. Das gemischte Hackfleisch dazugeben und mitbraten. Mit Tomatenmark, Chilipulver, Salz und Paprikapulver würzen. Mit Wasser auffüllen und die Kidneybohnen nach Anweisung darin zubereiten.
4. Vor dem Anrichten frisch gehackte Petersilie überstreuen.

Vorbereitungszeit: ca. 15 Minuten

Garzeit: ca. 25 Minuten

Brokkoli mit Mandeln auf Hackfleisch

Zutaten

1 kg Brokkoli
100 g Mandelblättchen
2 EL Butter
250 g gemischtes Hackfleisch
1 Zwiebel
Salz, frisch gemahlener schwarzer Pfeffer
100 g italienischer Butterkäse
8 dünne, durchwachsene Speckscheiben
Salz, frisch gemahlener weißer Pfeffer
⅛ l Fleischbrühe
⅛ l herber Weißwein

Zubereitung

1. Den Brokkoli vorbereiten, in Röschen teilen, dabei Strunk und harte Blätter entfernen.
2. Die Mandelblättchen in Butter goldgelb bräunen.
3. Das Hackfleisch mit der geschälten, sehr fein gewürfelten Zwiebel sowie Salz und Pfeffer würzen.
4. Den Butterkäse in »Flöckchen« schneiden.
5. Den Brokkoli schichtweise in einen Topf geben. Auf jede Schicht Mandelblättchen, Hackfleisch, Käseflöckchen, Speckscheiben geben. Dabei das Gemüse mit Salz und Pfeffer bestreuen. Zu oberst nochmals Käseflöckchen.
6. Das Gericht mit der Brühe und dem Weißwein aufgießen und bei geringer Hitze garen.

Vorbereitungszeit: ca. 20 Minuten

Garzeit: ca. 60 Minuten

Chiliklößchen mit Gemüsemais

Zutaten

500 g Rinderhackfleisch
3 EL Gemüsemais aus der Dose
1 Zwiebel
1 Knoblauchzehe
½ TL Ingwerpulver
½ TL Korianderpulver
½ TL gemahlener Kümmel
1 EL süße Chilisauce
Salz
Pfeffer
2 EL Öl

Zubereitung

1. Das Rinderhackfleisch mit dem Gemüsemais mischen.
2. Die Zwiebel und die Knoblauchzehe schälen und in sehr feine Würfel schneiden, unter das Rinderhackfleisch mischen.
3. Das Ingwer- und das Korianderpulver sowie den Kümmel, die Chilisauce, Salz und Pfeffer hinzufügen und abschmecken.
4. Mit feuchten Händen kleine Klößchen formen und in heißem Öl von allen Seiten braten.

Vorbereitungszeit: ca. 25 Minuten

Garzeit: ca. 8 Minuten

Dazu schmeckt körnig gekochter Curryreis und ein frischer Salat.

Bunter Reisrand mit Hackfleischragout

Zutaten

2 l Wasser

2 TL Salz

250 g Reis

1 TL Butter

200 g Gemüsemais aus der Dose

200 g Champignons aus der Dose

2 Tomaten

1 Bund Petersilie

1 EL Öl, 1 Zwiebel

300 g Hackfleisch

2 große Gewürzgurken

1 EL Kapern

1 kleine Dose Tomatenmark

¼ l Fleischbrühe (Instant)

Stärkemehl

1 TL Butter

1 Bund Petersilie

Zubereitung

1. Das Wasser mit Salz aufsetzen und zum Kochen bringen.
2. Den Reis in das kochende Wasser geben und ohne Deckel sprudelnd kochen lassen. Dann auf ein Sieb abgießen, lauwarm übersprühen und abtropfen lassen.
3. In der Zwischenzeit die Butter im Topf zerlassen und den abgetropften Mais und die Champignons darin erhitzen.
4. Die Tomaten halbieren, aushöhlen und in Würfel schneiden. Zu dem Mais und den Champignons hinzufügen. Zusammen ca. 5 Minuten mit geringer Hitze dünsten.

5. Den Reis zum Schluß unterziehen und locker mischen. Bis zum Servieren warm stellen.
6. Für das Hackfleischragout das Öl in der Pfanne erhitzen, die Zwiebel schälen, würfeln und mit dem Hackfleisch anbraten, bis es knusprig braun ist.
7. Gewürzgurken würfeln. Kapern fein hacken und beides mit dem Tomatenmark zum Fleisch geben.
8. Das Ragout mit der Fleischbrühe übergießen und bei geringer Hitze gar ziehen lassen. Zum Schluß nach Belieben mit Stärkemehl sämig binden.
9. Eine Reisrandform mit 1 TL Butter gründlich einfetten. In regelmäßigen Abständen kleine Petersiliensträußchen einlegen und den warmgehaltenen Reis gleichmäßig einfüllen und andrücken. Den Reisrand auf eine vorgewärmte Platte stürzen und das Hackfleischragout in die Mitte des Reisrandes füllen.

Vorbereitungszeit: ca. 25 Minuten

Garzeit insgesamt: ca. 35 Minuten

Dicke weiße Bohnen mit Hackfleischeinlage

Zutaten

250 g Bohnen
100 g durchwachsener Speck
250 g gemischtes Hackfleisch
2 Möhren
Bohnenkraut
Salz
1 EL Bouillon (Instant)
1 Bund Petersilie

Zubereitung

1. Die Bohnen über Nacht in kaltem Wasser einweichen.
2. Den durchwachsenen Speck in Würfel schneiden und im Topf auslassen.
3. Das gemischte Hackfleisch hinzufügen und anbraten. Gelegentlich umrühren, so daß das Hackfleisch fein krümelig wird.
4. Die Möhren putzen und in Scheibchen schneiden.
5. Die Möhrenscheibchen, die eingeweichten Bohnen, Bohnenkraut, Salz und Bouillon (Instant) hinzufügen und mit 1 l heißem Wasser auffüllen und garen.
6. Auf jeden gefüllten Teller oder gefüllte Suppentasse einen Teelöffel gehackte Petersilie streuen.

Vorbereitungszeit (ohne Einweichzeit der Bohnen): ca. 10 Minuten

Garzeit: ca. 40 Minuten

Fleischbrot – pikant gewürzt

Zutaten

150 g roher Schinken
1 Zwiebel
2 gekochte Kartoffeln
250 g Rinderhackfleisch
2 Brötchen
2 Eigelb
1 TL Currypulver
Knoblauchsalz, Salz, Pfeffer
Oregano
1 Likörglas Calvados
2 Eiweiß
2 EL flüssige Butter

Zubereitung

1. Den Schinken, die geschälte Zwiebel und die geschälten Kartoffeln durch den Fleischwolf drehen.
2. Mit dem Rinderhackfleisch, dem eingeweichten, wieder ausgedrückten Brötchen, dem Eigelb, dem Currypulver, Knoblauchsalz, Salz, Pfeffer, Oregano und Calvados mischen.
3. Zum Schluß das steif geschlagene Eiweiß unterziehen.
4. Eine Kastenform mit Backpapier passend auslegen, einfetten und den Fleischteig einfüllen. Mit flüssiger Butter bestreichen und im vorgeheizten Backofen backen.
5. Auf eine Platte stürzen und warm oder kalt servieren.

Gas: Stufe 4 **E-Herd:** 220 °C

Vorbereitungszeit: ca. 25 Minuten

Garzeit: ca. 40 Minuten

Fleischpastete in Blätterteig

Zutaten

1 Packung Tiefkühl-Blätterteig
500 g gemischtes Hackfleisch
Salz, Pfeffer
Paprikapulver
Thymian
⅛ l Wasser
1 Tasse gekochter Reis
1 TL Oregano
2 EL geriebener Parmesankäse
1 Eigelb
1 EL Milch

Zubereitung

1. Den Blätterteig auftauen lassen und mit einer Teigrolle zu einem Rechteck ausrollen. Eine Kastenform mit dem Teig auslegen und für den Deckel etwas Teig zurückbehalten.
2. Das Hackfleisch mit den Gewürzen zubereiten.
3. Den Reis, den Oregano, den Parmesankäse unterarbeiten. Den Fleischteig in die Form füllen und festdrücken. Den restlichen Teig als Deckel daraufgeben.
4. Das Eigelb mit Milch verquirlen und die Pastete damit bestreichen.
5. Im vorgeheizten Backofen backen.

Gas: Stufe 4 **E-Herd:** 220 °C

Vorbereitungszeit: ca. 30 Minuten

Backzeit: ca. 60 Minuten

Gefüllte Kalbsbrust

Zutaten

1 kg Kalbsbrust

150 g Schweinemett

1 Zwiebel

1 EL gehackte Petersilie

frisch gemahlener Pfeffer

1 TL Meerrettich

1 Prise Muskat

1 Ei

1 Brötchen

2 EL Öl

Zubereitung

1. In die Kalbsbrust vom Metzger eine Tasche zum Füllen einschneiden lassen.

2. Für die Füllung das Schweinemett mit der feingewürfelten Zwiebel, der gehackten Petersilie, Pfeffer, dem Meerrettich, dem Muskat, dem Ei und dem eingeweichten, wieder ausgedrückten Brötchen zu einer Farce verarbeiten.

3. Die Kalbsbrust füllen und zunähen.

4. Öl in die Fettpfanne geben und die Kalbsbrust in den vorgeheizten Backofen setzen. Während der Bratzeit den Braten, wenn nötig, noch etwas mit heißem Bratenfond oder heißer Fleischbrühe begießen.

Gas: Stufe: 3–4 **E-Herd:** 210 °C

Vorbereitungszeit: ca. 20 Minuten

Garzeit: ca. 90 Minuten

Fleischstrudel

Zutaten

250 g Mehl
⅛ l lauwarmes Wasser
Salz
4 EL Öl
50 g Semmelbrösel
40 g Fett
2 gehackte Zwiebeln
250 g Pfifferlinge
250 g gemischtes Hackfleisch
Salz
frisch gemahlener weißer Pfeffer
gerebelter Majoran
Dill
1 EL gehackte Petersilie
⅛ l Crème fraîche

Zubereitung

1. Das Mehl auf ein Brett geben. Das Wasser in die Mitte des Mehles rühren und vom Rand nach und nach Mehl dazunehmen. Zuletzt Salz und Öl dazugeben. Den Teig so lange verkneten, bis er geschmeidig ist und sich vom Brett löst. Den Teig mit Öl bestreichen und etwa 30 Minuten unter einer vorgewärmten Schüssel ruhen lassen.

2. Danach den Teig mit einer Teigrolle auf einem bemehlten Leinentuch ½ cm dick ausrollen und dann über den Handrükken von der Mitte aus nach allen Seiten dünn ausziehen.

3. Zuerst die Semmelbrösel auf den ausgezogenen Strudelteig streuen und die Füllung darüber verteilen. Den Strudel mit Hilfe des Tuches aufrollen, auf ein gefettetes Backblech legen.
4. Für die Füllung das Fett in der Pfanne zerlassen, die gehackten Zwiebeln glasig dünsten.
5. Die Pfifferlinge putzen, sehr gründlich waschen, gut abtropfen lassen, zu den Zwiebeln geben. Das Hackfleisch mit den Gewürzen und den Kräutern hinzufügen. Alles zusammen zehn Minuten dünsten.
6. Die Füllung etwas abgekühlt auf den Teig verteilen und wie beschrieben fertigstellen. Die Fleischrolle mit Crème fraîche überstreichen und im Backofen goldgelb backen.

Gas: Stufe 4 **E-Herd:** 220 °C

Vorbereitungszeit (ohne Ruhezeit des Strudelteiges): ca. 25 Minuten

Backzeit: ca. 50 Minuten

Gefüllte Reibekuchen

Zutaten

2 kg Kartoffeln
Salz, frisch gemahlener weißer Pfeffer
Knoblauchpulver
2 Eier
2 Zwiebeln
2 EL Mehl
2 EL Öl
250 g gemischtes Hackfleisch
2 EL Öl, weißer Pfeffer, Salz, Paprikapulver
1 EL Tomatenketchup
1 Becher Sahne
Stärkemehl

Zubereitung

1. Die Kartoffeln schälen und reiben. Mit Salz, Pfeffer, Knoblauchpulver würzen.
2. Die Eier unterarbeiten.
3. Die Zwiebeln schälen und gerieben mit dem Mehl unter den Teig arbeiten.
4. Reibekuchen in sehr heißem Fett backen und warm stellen.
5. Für die Füllung das Hackfleisch in dem Öl braun braten.
6. Mit Pfeffer, Salz, Paprikapulver würzen. Tomatenketchup und Sahne unterziehen und nach Belieben mit dem Stärkemehl binden.
7. Die Füllung auf die Hälfte der Reibekuchen verteilen, die restlichen Reibekuchen darauflegen. Sofort servieren.

Vor- und Zubereitungszeit: ca. 45 Minuten

Gefüllte Steaks

Zutaten

375 g gemischtes Hackfleisch
1 Brötchen
1 Ei
Pfefferpulver
Salz
Paprikapulver
50 g Schinkenspeck
1 Zwiebel
150 g frische Champignons
1 EL gehackte Petersilie

Zubereitung

1. Das Hackfleisch mit dem eingeweichten, wieder ausgedrückten Brötchen, dem Ei, Pfefferpulver, Salz und Paprikapulver vermengen.
2. Den Schinkenspeck in Würfel schneiden und in der Pfanne auslassen.
3. Die Zwiebel schälen, würfeln und in dem Speckfett glasig dünsten.
4. Die Champignons putzen und waschen, in sehr feine Stücke schneiden, mit der Petersilie hinzufügen und kurz mitdünsten lassen.
5. Aus dem Fleischteig 4 Steaks formen. In die Mitte je ¼ der Champignonmasse drücken.
6. Die Steaks von beiden Seiten braun braten und garen.

Vorbereitungszeit: ca. 30 Minuten

Garzeit: ca. 20 Minuten

Gefüllter Hackbraten

Zutaten

1 kg gemischtes Hackfleisch
2 Brötchen
2 Eier
1 Zwiebel
Salz, Paprikapulver, 1 Knoblauchpulver
1 TL Senf, 1 TL Tomatenketchup
gerebelter Majoran
1 EL grüne Pfefferkörner
4 gekochte Eier
Fett zum Ausstreichen der Bratform
50 g fetter Speck

Zubereitung

1. Das gemischte Hackfleisch mit den eingeweichten, wieder ausgedrückten Brötchen, den Eiern, der feingehackten Zwiebel und den Gewürzen mischen und gut durcharbeiten.
2. Auf einem kalt abgespülten Küchenbrett den Fleischteig zu einem Brot formen und längs die gekochten Eier eindrücken. Mit Fleischteig sorgfältig ummanteln.
3. Eine feuerfeste Form mit Fett ausstreichen, den Hackbraten hineinlegen und mit dem in Streifen geschnittenen Speck in gleichmäßigem Abstand belegen.
4. Im vorgeheizten Backofen braten.

Gas: Stufe 4 **E-Herd:** 220°C

Vorbereitungszeit: ca. 15 Minuten

Garzeit: ca. 45 Minuten

Grünkohltopf mit Bratwurstmett

Zutaten

1 kg Grünkohl
1 Zwiebel
2 EL Schweineschmalz
1 EL Mehl
1 Tasse Fleischbrühe
Salz
geriebene Muskatnuß
gemahlene Nelken
Pfefferpulver
300 g grobe Bratwurst

Zubereitung

1. Die Blätter des Grünkohls von den Rippen abstreifen und sie mehrmals sorgfältig waschen. Den Grünkohl einige Minuten in siedendem Wasser blanchieren und dann zum Abtropfen auf ein Sieb geben. Mit dem Wiegemesser ganz fein hacken.
2. Die Zwiebel schälen und kleinschneiden. Das Schweineschmalz zerlassen, die Zwiebelwürfel darin glasig dünsten, das Mehl hinzufügen und etwas durchschwitzen.
3. Die Fleischbrühe, den Grünkohl mit den Gewürzen zugeben und unter öfterem Umrühren bei geringer Hitze garen.
4. Aus der Bratwurst kleine Klößchen ausdrücken und ca. 15 Minuten vor Ende der Garzeit zu dem Gemüse geben.

Vorbereitungszeit: ca. 25 Minuten

Garzeit: ca. 45 Minuten

Hackbraten nach ungarischer Art

Zutaten

375 g gemischtes Hackfleisch
1 Brötchen
1 Ei
1 EL Semmelbrösel
½ rote Paprikaschote
½ grüne Paprikaschote
Salz
Pfefferpulver
Paprikapulver edelsüß
1 EL Öl

Zubereitung

1. Das Hackfleisch mit dem eingeweichten, wieder ausgedrückten Brötchen, dem Ei, den Semmelbröseln mischen.
2. Die Paprikaschoten sehr fein würfeln und mit den Gewürzen zu dem Hackfleischteig geben. Gründlich durcharbeiten und abschmecken.
3. Auf einem mit kaltem Wasser abgespülten Küchenbrett zu einem länglichen Braten formen.
4. Eine Auflaufform mit dem Öl ausstreichen und den vorbereiteten Braten in die Form einsetzen. Im vorgeheizten Backofen garen.

Gas: Stufe 4 **E-Herd:** 220 °C

Vorbereitungszeit: ca. 15 Minuten

Garzeit: ca. 45 Minuten

Hackbraten nach ungarischer Art, Rezept S. 52

Hackfleisch mit buntem Gemüse

Zutaten

100 g fetter Speck
400 g Rinderhackfleisch
2 rote Paprikaschoten
2 gelbe Paprikaschoten
2 grüne Paprikaschoten
1 EL Tomatenketchup
Salz
Pfefferpulver
Paprikapulver
½ l Fleischbrühe
2 EL Crème fraîche

Zubereitung

1. Den Speck in feine Würfel schneiden und im Topf auslassen. Das Rinderhackfleisch hinzufügen und unter gelegentlichem Umrühren anbraten.

2. In der Zwischenzeit die Paprikaschoten vorbereiten. Dazu den Stielansatz ausschneiden, unter fließendem kalten Wasser die Kerne auswaschen, dann die Schoten in feine Streifen schneiden. Zu dem angebratenen Hackfleisch geben.

3. Den Tomatenketchup, Gewürze und ½ l Fleischbrühe hinzufügen. Vor dem Servieren noch Crème fraîche unterziehen.

Vorbereitungszeit: ca. 20 Minuten

Garzeit: ca. 20 Minuten

Hackbraten mit gefüllten Schinkenrollen

Zutaten

500 g gemischtes Hackfleisch
1 Brötchen
2 EL Semmelbrösel
1 Ei
1 TL Senf
1 TL Meerrettich aus der Tube
1 EL Sojasauce
Salz
frisch gemahlener Pfeffer
1 TL getrockneter Dill
4 Scheiben roher Schinken
frisch gemahlener Pfeffer
2 TL Senf
4 eingelegte Dillgurken
Fett zum Ausstreichen der Bratform

Zubereitung

1. Das gemischte Hackfleisch mit dem eingeweichten, ausgedrückten Brötchen, den Semmelbröseln, dem Ei, dem Senf, dem Meerrettich, der Sojasauce, Salz, frisch gemahlenen Pfeffer, dem getrockneten Dill gründlich durcharbeiten und abschmecken.

2. Auf einem kalt abgespülten Küchenbrett zu einem länglichen Brotlaib formen.

3. Die Schinkenscheiben mit einem Hauch frisch gemahlenem Pfeffer würzen und dünn mit Senf bestreichen.

4. Die Dillgurken mit den gewürzten Schinkenscheiben umwickeln.

5. Mit der Handkante eine längliche Kerbe in den geformten Fleischteig drücken und die Schinkenrollen eindrücken. Sorgfältig wieder mit dem Fleischteig abdecken.
6. Eine Auflaufform mit Fett ausstreichen und den vorbereiteten Braten einlegen. Im vorgeheizten Backofen garen.

Gas: Stufe 4 **E-Herd:** 220 °C

Vorbereitungszeit: ca. 20 Minuten

Garzeit: ca. 40 Minuten

Vor dem Aufschneiden den Braten einige Minuten ruhen lassen und dann mit einem sehr scharfen Messer in gefällige, nicht zu dünne Scheiben schneiden.

Hackbraten mit Pfifferlingen

Zutaten

750 g gemischtes Hackfleisch
2 Brötchen
2 Eier
1 Zwiebel
Salz
Paprikapulver
1 TL Senf
1 TL Tomatenketchup
300 g frische Pfifferlinge
1 Zwiebel
1 Bund Petersilie
1 EL Butter
Salz
Pfefferpulver
1 EL Öl
50 g Speck

Zubereitung

1. Das Hackfleisch mit den eingeweichten, wieder ausgedrückten Brötchen, den Eiern, der feingehackten Zwiebel und den Gewürzen mischen und gut durcharbeiten.
2. Die Pfifferlinge putzen, gründlich mit kaltem Wasser abspülen und auf einem Sieb abtropfen lassen. Große Pilze einmal durchschneiden.
3. Die Zwiebel schälen und fein hacken.

4. Die Petersilie mit kaltem Wasser abspülen, mit Haushaltspapier trockentupfen und auch fein hacken.
5. Die Butter in einem Topf zerlassen, gehackte Zwiebelwürfel hineingeben. Unter Rühren glasig werden lassen. Pfifferlinge zufügen, unter gelegentlichem Rühren ca. 5 Minuten dünsten. Mit Salz und Pfeffer abschmecken. Die Hälfte der Petersilie untermischen und die so vorbereiteten Pilze unter den Hackfleischteig arbeiten.
6. Auf einem kalt abgespülten Brett den Fleischteig zu einem Brot formen.
7. Eine feuerfeste Form mit dem Öl ausstreichen, den Hackbraten hineinlegen und mit Speckstreifen in gleichmäßigem Abstand belegen.
8. Im vorgeheizten Backofen braten. Vor dem Aufschneiden einige Minuten ruhren lassen, dann in gefällige Streifen schneiden. Mit der restlichen Petersilie garniert servieren.

Gas: Stufe 4 **E-Herd:** 220 °C

Vorbereitungszeit: ca. 25 Minuten

Garzeit: ca. 45 Minuten

Gemüseplatte mit Spaghetti und scharfen Klößchen

Zutaten

1 kleiner Blumenkohl
1 ⅔ Dose ganze Möhrchen
1 ⅔ Dose grüne Bohnen sehr fein
2 EL Butter
Salz
gerebeltes Bohnenkraut
250 g Spaghetti
200 g gemischtes Hackfleisch
½ Brötchen
1 Eigelb
1 EL Semmelbrösel
1 TL Kapern
Paprikapulver rosenscharf
Salz
frisch gemahlener weißer Pfeffer
einige Tropfen Tabasco
2 EL Öl

Sauce:

30 g Fett
40 g Mehl
¼ l Brühe
¼ l Sahne
frisch gemahlener schwarzer Pfeffer
geriebene Muskatnuß

Zubereitung

1. Den Blumenkohl putzen, waschen und in kochendem Salzwasser ca. 25 Minuten garen.

2. Die Möhren und die Bohnen aus der Dose abgießen und getrennt in der Butter mit etwas Salz, die Bohnen auch mit Bohnenkraut gewürzt, erhitzen und kurz durchkochen lassen.

3. Die Spaghetti in Salzwasser nicht zu weich garen.

4. Das Hackfleisch mit dem eingeweichten, wieder ausgedrückten Brötchen, dem Eigelb, den Semmelbröseln, den gehackten Kapern und Gewürzen gründlich vermengen und kleine Klößchen formen.

5. Das Öl erhitzen und die Klößchen rundum braun braten.

6. Für die Sauce das Fett zerlassen, das Mehl dazugeben und schwitzen lassen, langsam mit heißer Brühe unter ständigem Rühren auffüllen. Zum Schluß die Sahne und Gewürze hinzufügen.

7. Zum Anrichten eine große vorgewärmte Platte nehmen. Zunächst die Spaghetti in der Mitte anhäufen. Den Blumenkohl in Röschen zerteilt sowie die Möhren und das Bohnengemüse abwechselnd ringsum anrichten. Die Hälfte der Sauce über die Spaghetti gießen und zum Schluß die warmgehaltenen scharfen Klößchen auf der Platte gefällig verteilen. Den Rest der Sauce separat servieren.

Vorbereitungszeit: ca. 25 Minuten

Garzeit: Blumenkohl ca. 25 Minuten
Spaghetti ca. 9–12 Minuten
Scharfe Klößchen ca. 12 Minuten
Bohnen und Möhren einmal aufkochen lassen
Sauce ca. 5 Minuten

Fertigstellung: ca. 10 Minuten

Hackfleischragout mit Schwarzwurzeln

Zutaten

500 g Rinderhackfleisch
2 EL Öl
Salz
weißer gemahlener Pfeffer
1 TL geriebener Meerrettich
1 TL Senf
½ l Wasser
1 kg Schwarzwurzeln
2 Päckchen Helle Delikateßsauce
2 EL saure Sahne
1 EL gehackte Petersilie

Zubereitung

1. Das Rinderhackfleisch im Öl anbraten und mit Salz, Pfeffer, dem Meerrettich und dem Senf würzen. Mit heißem Wasser übergießen und die gesäuberten, vorbereiteten und in Stücke geschnittenen Schwarzwurzeln hinzufügen, gar ziehen lassen.
2. Zum Schluß die Helle Delikateßsauce nach Anweisung des Herstellers einrühren, aufkochen lassen, saure Sahne und gehackte Petersilie unterziehen.
Ein körnig gekochter Reis schmeckt gut dazu.

Vorbereitungszeit: ca. 30 Minuten

Garzeit: ca. 40 Minuten

Hackfleischspaghetti

Zutaten

500 g Spaghetti
4 große Zwiebeln
2 EL Margarine
250 g Hackfleisch
2 EL Tomatenmark
1 Paket Tiefkühlerbsen
1 eingelegte Paprikaschote
Salz
Pfefferpulver
Paprikapulver
2 EL Tomatenketchup
125 g geriebener Käse
2 Tomaten

Zubereitung

1. Die Spaghetti in kochendem Salzwasser garen und auf einem Sieb gut abtropfen lassen.
2. Die Zwiebeln würfeln, in der Margarine glasig dünsten.
3. Das Hackfleisch und das Tomatenmark zufügen, ca. 5 Minuten braten.
4. Die Spaghetti, die aufgetauten Erbsen, die kleingeschnittene Paprikaschote unterziehen, mit den Gewürzen abschmekken und alles nochmals kurz erhitzen.
5. Auf einer vorgewärmten Platte anrichten, mit geriebenem Käse überstreut und mit Tomatenvierteln garniert servieren.

Vorbereitungszeit: ca. 20 Minuten

Garzeit: insgesamt ca. 20 Minuten

Hackfleischtorte mit Kartoffelboden

Zutaten

750 g Rinderhackfleisch
2 Eier
frisch gemahlener schwarzer Pfeffer
einige Tropfen Zitronensaft, Zitronenmelisse
1 TL Meerrettich, Paprikapulver rosenscharf, Majoran
2 Zwiebeln, 2 Knoblauchzehen
1 EL gemischte Tiefkühl-Kräuter
6 Kartoffeln
1 TL Butter
500 g Tomaten
1 Bund Petersilie

Zubereitung

1. Das Hackfleisch mit den Eiern und den Gewürzen gründlich durcharbeiten und sehr pikant abschmecken.
2. Die Zwiebeln und die Knoblauchzehen schälen, sehr fein würfeln. Die Tiefkühl-Kräuter untermischen.
3. Die Kartoffeln als Pellkartoffeln garen. Abpellen und in gleichmäßige Scheiben schneiden.
4. Die Tomaten in Scheiben schneiden.
5. Eine Springform mit der Butter ausstreichen. Den Boden mit den Kartoffelscheiben auslegen. Den Fleischteig gleichmäßig darüberstreichen. Tomatenscheiben kreisförmig auflegen und nochmals frisch gemahlenen Pfeffer überstreuen.
6. Nach dem Backen dick mit gehackter Petersilie bestreuen.

Gas: Stufe 4 **E-Herd:** 220 °C

Vorbereitung ohne Garzeit der Kartoffeln: ca. 20 Minuten

Backzeit: ca. 35 Minuten

Indonesisches Reisgericht

Zutaten

500 g Langkornreis
5 EL Öl
2 Zwiebeln
250 g Rinderhackfleisch
2 EL Currypulver
½ TL Knoblauchpulver
4 EL Sojasauce
4 Eier
1 EL Öl
2 Gewürzgurken

Zubereitung

1. Den Reis in Salzwasser garen.

2. Das Öl in einer Pfanne erhitzen. Die Zwiebeln schälen, würfeln und mit dem Rinderhackfleisch unter Rühren anbraten. Curry- und Knoblauchpulver hinzufügen und das Gericht garen.

3. Zum Schluß die Sojasauce und den fertigen Reis unterziehen.

4. Die Eier im Öl als Spiegeleier zubereiten. Gewürzgurken als Fächer aufschneiden. Das Gericht mit Spiegeleiern und den Gewürzgurken angerichtet servieren.

Vorbereitungs- und Garzeit: ca. 40 Minuten.

Kartoffelfleischtopf

Zutaten

100 g Dörrfleisch
1 EL Öl
400 g gemischtes Hackfleisch
Salz, Pfefferpulver
500 g Kartoffeln
250 g Suppengemüse tiefgekühlt
Kräutersalz, Knoblauchpulver
frisch gemahlener Kümmel, Paprikapulver
¾ l Fleischbrühe
1 Becher saure Sahne oder 1 Becher Crème fraîche
1 Bund Petersilie

Zubereitung

1. Das Dörrfleisch in feine Würfel schneiden und im heißen Öl auslassen.

2. Das Hackfleisch hinzufügen, unter gelegentlichem Umrühren anbraten. Mit Salz und Pfeffer würzen.

3. Die Kartoffeln schälen, in grobe Würfel schneiden.

4. Die Kartoffelwürfel und das unaufgetaute Suppengemüse mit den weiteren Gewürzen zum Fleisch geben. Fleischbrühe übergießen und bei geringer Hitze garen.

5. Vor dem Servieren die saure Sahne oder Crème fraîche unterziehen. Die Petersilie unter kaltem Wasser waschen, mit Küchenkrepp trockentupfen und kleinschneiden, über den Kartoffelfleischtopf streuen.

Vorbereitungszeit: ca. 15 Minuten

Garzeit: ca. 30 Minuten

Makkaronitopf – pikant gefüllt

Zutaten

500 g Makkaroni
200 g Rinderhackfleisch
Salz, Cayennepfeffer
1 Zwiebel
2 Päckchen Helle Sauce
1 TL geriebener Meerrettich
100 g italienischer Butterkäse
2 TL Butter

Zubereitung

1. Die Makkaroni in kochendem Salzwasser garen, mit kaltem Wasser abspülen und auf einem Sieb abtropfen lassen.
2. Das Rinderhackfleisch mit Salz und Cayennepfeffer würzen.
3. Die Zwiebel schälen und in sehr feine Würfel schneiden.
4. Die Helle Sauce nach Anweisung des Herstellers zubereiten, mit geriebenem Meerrettich würzen.
5. Den Butterkäse in Flöckchen schneiden und in die Sauce rühren.
6. Eine Auflaufform mit Butter einfetten. Die Hälfte der Makkaroni einfüllen, das Rinderhackfleisch mit den Zwiebelwürfeln darüber verteilen. Mit den restlichen Makkaroni abdecken und die Helle Sauce übergießen. Im vorgeheizten Backofen überbacken.

Gas: Stufe 3 **E-Herd:** 200 °C

Vorbereitungszeit: ca. 25 Minuten

Überbackzeit: ca. 40 Minuten

Pikantes Reisfleisch

Zutaten

2 EL Öl
500 g gemischtes Hackfleisch
Cayennepfeffer, Paprikapulver
4 Zwiebeln, 2 Knoblauchzehen
4 Tomaten
200 g Sojabohnenkeimlinge aus der Dose
1½ Tassen Reis
3 Tassen Wasser
1 TL Instant Fleischbrühe
Oregano, Rosmarin
1 EL Sojasauce
geriebener Käse

Zubereitung

1. Das Hackfleisch in dem erhitzten Öl anbraten, mit Cayennepfeffer und Paprikapulver würzen.
2. Die Zwiebeln schälen, in grobe Würfel schneiden.
3. Die Knoblauchzehen schälen, in einer Knoblauchpresse zerdrücken, mit den Zwiebelwürfeln zusammen zum Hackfleisch geben.
4. Die Tomaten mit kochendem Wasser überbrühen, häuten und in Achtel schneiden. Mit den Sojabohnenkeimlingen ebenfalls zu dem Fleisch geben.
6. Den Reis überstreuen, mit Wasser auffüllen, die weiteren Gewürze hinzufügen und das Reisfleisch bei geringer Hitze garen. Vor dem Servieren den geriebenen Käse überstreuen.

Vorbereitungszeit: ca. 20 Minuten

Garzeit: ca. 20 Minuten

Nudeleintopf

Zutaten

75 g geräucherter Speck
250 g Hackfleisch
250 g Zwiebeln
250 g Tomaten
250 g Bandnudeln
Salz
Pfefferpulver
¾ l Brühe
Petersilie

Zubereitung

1. Das mit Salz und Pfeffer gewürzte Hackfleisch wird in den ausgelassenen Speckwürfeln leicht angebraten.
2. Dann die grobgeschnittenen Zwiebeln, die abgezogenen, in Scheiben geschnittenen Tomaten sowie die Nudeln zum Hackfleisch geben.
3. Man füllt mit der Brühe auf und gart das Eintopfgericht bei geringer Hitze. Vor dem Anrichten gibt man die gehackte Petersilie darüber.

Vorbereitungszeit: ca. 20 Minuten

Garzeit: ca. 25–30 Minuten

Polentaauflauf

Zutaten

1 l Milch oder Wasser
1 TL Salz
50 g Butter
220–250 g Maisgrieß
100 g geriebener Käse
100 g Butter
1 TL Butter oder Margarine
1 Päckchen Tomatensauce
500 g Schweinemett
100 g geriebener Käse

Zubereitung

1. Die Milch mit Salz und Butter aufkochen.
2. Den Grieß einrieseln lassen. Unter ständigem Rühren bei geringer Wärmezufuhr zu einem dicken Brei kochen.
3. Den Polentabrei in eine mit Butter ausgefettete Auflaufform füllen, 2–3 tiefe Rillen eindrücken.
4. Die Tomatensauce nach Anweisung des Herstellers zubereiten.
5. Klößchen abstechen und in die Rillen legen.
6. Die Tomatensauce darübergießen und alles dick mit dem geriebenen Käse bestreuen.
7. Im vorgeheizten Backofen überbacken.

Gas: Stufe 4 **E-Herd:** 220 °C

Zubereitungszeit: ca. 20 Minuten

Überbackzeit: ca. 20 Minuten

Polentaauflauf, Rezept S. 70

Rosenkohleintopf

Zutaten

500 g gemischtes Hackfleisch
1 Ei
Salz, Pfeffer- und Paprikapulver
1 Brötchen
1 EL Semmelbrösel
1 EL Margarine
1 Zwiebel
600 g Tiefkühl-Rosenkohl
Salz
geriebene Muskatnuß
8 mittelgroße Kartoffeln
¼ l Klare Brühe

Zubereitung

1. Aus dem Hackfleisch, dem Ei, den Gewürzen, dem eingeweichten wieder ausgedrückten Brötchen und den Semmelbröseln einen pikanten Fleischteig zubereiten.
2. Die Margarine im Topf zerlassen, die Zwiebel schälen, würfeln und in der Margarine glasig dünsten. Den Rosenkohl hinzufügen, mit Salz und Muskatnuß würzen.
3. Die Kartoffeln schälen und in grobe Würfel schneiden.
4. Von dem Fleischteig mit zwei in kaltem Wasser abgespülten Teelöffeln lockere Klößchen abstechen.
5. Im Wechsel mit den Kartoffelwürfeln zu dem Rosenkohl schichten. Das Gericht mit Brühe auffüllen und bei geringer Hitze gar ziehen lassen.

Vorbereitungszeit: ca. 25 Minuten

Garzeit: ca. 35 Minuten

Paprikahackbraten

Zutaten

2 EL Öl

2 Zwiebeln

100 g Dörrfleisch

500 g gemischtes Hackfleisch

1 Ei

1 Brötchen

1 EL Semmelbrösel

1 TL grüne Pfefferkörner

1 EL Tomatenketchup

Salz

rosenscharfer Paprika

einige Tropfen Tabascosauce

3 eingelegte Paprikaschoten

1 Paket Kartoffelpüree

1 Päckchen Bratensauce

Crème fraîche

Zubereitung

1. Das Öl in einer Pfanne erhitzen.

2. Die Zwiebeln schälen und wie das Dörrfleisch würfeln. Zwiebeln dünsten und das Dörrfleisch im heißen Fett auslassen.

3. Das Zwiebel-Dörrfleisch-Gemisch zur Seite stellen, damit es zur Weiterverarbeitung etwas abkühlen kann.

4. Aus dem Hackfleisch, dem Ei, dem eingeweichten und ausgedrückten Brötchen sowie den Gewürzen einen pikanten Fleischteig zubereiten.

5. Die abgetropften und mit Küchenpapier abgetupften Paprikaschoten fein würfeln und zusammen mit dem Zwiebel-Dörrfleisch-Gemisch unter den Fleischteig arbeiten.
6. Auf einem mit kaltem Wasser abgespülten Küchenbrett einen gefälligen Braten formen und in eine größere, mit Bratfett ausgestrichene, flache Auflaufform setzen.
Im vorgeheizten Backofen braten.
7. In der Zwischenzeit nach Vorschrift des Herstellers den Kartoffelbrei zubereiten und in einen Spritzbeutel mit großer Tülle füllen. Diesen Kartoffelbrei um den fertigen Braten spritzen. Mit Petersilie bestreut servieren.
Dazu die Bratensauce zubereiten und mit Crème fraîche verfeinern. Extra reichen.

Gas: Stufe 4 **E-Herd:** 220 °C

Vorbereitungszeit: ca. 30 Minuten

Garzeit: ca. 45 Minuten

Sauerkraut im Hackfleischmantel

Zutaten

1 große Zwiebel
2 zerdrückte Knoblauchzehen
1 Brötchen
750 g gemischtes Hackfleisch
1 Ei
2 EL Semmelbrösel
Salz
Pfefferpulver
Paprikapulver
1 TL Kräuter der Provence
200 g Sauerkraut
4 Wacholderbeeren
100 g Speckwürfel
evtl. Saucenbinder

Zubereitung

1. Die Zwiebel schälen und kleinschneiden.
2. Die Knoblauchzehen schälen und mit einer Gabel auf einem Brett zerdrücken.
3. Das Brötchen einweichen und ausdrücken.
4. Das Fleisch mit diesen Zutaten gut vermengen.
Die Semmelbrösel, Salz, Pfefferpulver, Paprikapulver, Kräuter der Provence unterarbeiten, abschmecken. Zu einem länglichen Brot formen.
6. Längs eine Kerbe mit einem Suppenlöffel ziehen und das mit zwei Gabeln aufgelockerte Sauerkraut mit den Wacholderbeeren eindrücken und zu einer geschlossenen Rolle formen.

7. Diese gefüllte Hackfleischrolle in eine nach Anweisung des Herstellers vorbereitete Bratfolie geben und mit Speckwürfeln umlegen. Die Bratfolie schließen und auf das Traggitter in den vorgeheizten Backofen setzen.

Gas: Stufe 4 **E-Herd:** 220 °C

Vorbereitungszeit: ca. 20 Minuten

Garzeit: ca. 45 Minuten

Nach der Garzeit den Bratenfond mit Wasser auf ¼ l auffüllen und mit Saucenbinder binden. Nochmals abschmecken, evtl. nachwürzen. Dazu Kartoffelbrei oder Kartoffelklöße reichen.

Rollbraten mit pikanter Füllung

Zutaten

1½ kg Schweinekotelettstück
Salz
geriebene Muskatnuß
Pfefferpulver
1 Eiweiß
Füllung:
200 g Rinderhackfleisch
100 g Schinkenspeck
2 EL Pfifferlinge aus der Dose
1 Brötchen
1 Eigelb
Salz
Pfefferpulver
1 EL gehackte Petersilie
1 EL Öl
2 EL Crème fraîche oder 1 Schnapsglas Weißwein
1 gehäufter TL Stärkemehl

Zubereitung

1. Das Schweinekotelettstück vom Metzger für den Rollbraten zurechtschneiden lassen.
2. Nach dem Waschen mit Küchenkrepp abtropfen und mit den Gewürzen einreiben. Auf der Innenseite mit dem aufgeschlagenen Eiweiß bestreichen.

3. Das Rinderhackfleisch mit dem gewürfelten Schinkenspeck, den gehackten Pfifferlingen und dem eingeweichten, wieder ausgedrückten Brötchen, dem Eigelb, den Gewürzen und der gehackten Petersilie gut vermischen.
4. Die Masse auf die Längsseite des Fleischstückes verteilen und aufrollen. Mit einem Baumwollfaden umwickeln und binden.
5. Eine feuerfeste Form mit dem Öl ausstreichen und den Rollbraten einlegen. ½ bis 1 Tasse Wasser, je nach Größe des Bratgeschirrs, hinzufügen. Im vorgeheizten Backofen ca. 75 Minuten im geschlossenen Brattopf braten. Zwischendurch mit dem gesammelten Bratensaft begießen. Vor dem Servieren den Braten mit kaltem Salzwasser bestreichen und noch etwa 10 Minuten ohne Deckel bei starker Hitze kusprig bräunen. Den Braten aus dem Backofen nehmen und einige Minuten ziehen lassen, bevor er in Scheiben geschnitten wird.
6. Den Bratenfond zu ½ l Flüssigkeit mit Wasser loskochen, mit Crème fraîche oder Weißwein verfeinern, nachwürzen und mit angerührtem Stärkemehl binden.

Vorbereitungszeit: ca. 20 Minuten

Garzeit: ca. 90 Minuten

Tomatenauflauf mit Zitronenschnitzen garniert

Zutaten

1 kg Fleischtomaten
3 EL Butter
Salz
getrocknete Dillspitzen
1 Zwiebel
1 Knoblauchzehe
500 g Rindergehacktes
4 EL Tomatenmark
3/8 l Fleischbrühe
schwarzer frisch gemahlener Pfeffer
Salz
1 Becher saure Sahne
Fett zum Einfetten der Form
1 Zitrone

Zubereitung

1. Die Fleischtomaten mit kochendem Wasser überbrühen und die Haut abziehen. Die Tomaten halbieren und mit einem Teelöffel das Fruchtmark aushöhlen (für eine spätere Tomatensuppe einfrieren). Die Hälfte der Butter in der Pfanne zerlassen. Die Tomatenhälften in grobe Würfel schneiden und zum Dünsten in das heiße Fett geben. 5 Minuten dünsten, ½ Teelöffel getrocknete Dillspitzen unterziehen, dann warm stellen.

2. Die restliche Butter in der wieder gereinigten Pfanne erhitzen. Die Zwiebel und die Knoblauchzehe schälen, fein hacken und ca. 2 Minuten in der Butter dünsten.

3. Das Hackfleisch hinzufügen und rundherum anbraten.
4. Dann Tomatenmark und ¼ l Fleischbrühe einrühren, mit Pfeffer und Salz würzen. Unter gelegentlichem Umrühren ca. 10 Minuten kochen lassen, bis die Flüssigkeit fast ganz verdampft ist. Zum Schluß die saure Sahne unterziehen.
5. Eine feuerfeste Form mit Margarine einfetten. Die Hälfte der Fleischmasse einfüllen. Darauf das Tomatengemüse und zum Schluß das restliche Hackfleisch geben. ⅛ l Fleischbrühe übergießen. Im vorgeheizten Backofen überbacken.
6. Zitrone mit heißem Wasser abwaschen, in gleichmäßige Schnitze schneiden und den Auflauf vor dem Servieren damit garnieren. Französisches Stangenweißbrot schmeckt gut dazu.

Gas: Stufe 3 **E-Herd:** 200 °C

Vorbereitungszeit: ca. 15 Minuten

Garzeit: ca. 45 Minuten

Tomatentopf mit Hackfleischbällchen

Zutaten

1 kg Tomaten
2 Zwiebeln
20 g Butter
Salz, frisch gemahlener Pfeffer
Thymian, Knoblauchpulver
300 g Schweinemett
$\frac{1}{16}$ l Fleischbrühe
2 EL Crème fraîche
evtl. Stärkemehl
1 Bund Petersilie

Zubereitung

1. Die Tomaten 8–12 Sekunden (je nach Festigkeit) in kochendes Wasser tauchen. Mit einem Schaumlöffel herausheben und die Haut abziehen. Den Stielsansatz herausschneiden und vierteln.
2. Die Zwiebeln schälen und würfeln.
3. Die Butter in einem flachen Topf zerlassen. Tomaten, Zwiebelwürfel sowie Gewürze dazugeben.
4. Aus dem Schweinemett mit feuchten Händen kleine Bällchen formen und auf das Tomatengemüse legen.
5. $\frac{1}{16}$ l Fleischbrühe angießen und nach dem Aufkochen bei geringer Wärme 20 Minuten gar ziehen lassen. Zum Schluß Crème fraîche unterziehen. Wenn das Gericht zu viel Flüssigkeit gezogen hat, mit Stärkemehl binden. Vor dem Auftragen mit gehackter Petersilie bestreuen.

Vorbereitungszeit: ca. 30 Minuten

Garzeit: ca. 20 Minuten

Überraschungsschnitzel

Zutaten

4 Schweineschnitzel
Salz
weißer gemahlener Pfeffer
1 TL grüne Pfefferkörner
200 g Schweinemett
Mehl
2 Eier
Paniermehl
2 EL Öl

Zubereitung

1. Die Schnitzel müssen mindestens 2 cm dick sein, damit man mit einem spitzen Messer eine Tasche in die Schnitzel einschneiden kann. Am besten vom Metzger die Schnitzel zum Füllen vorbereiten lassen.

2. Dann mit Salz und Pfeffer würzen.

3. Die Pfefferkörner auf einem Küchenbrett mit einer Gabel zerdrücken und unter das Schweinemett arbeiten.

4. Die Schnitzel damit füllen, mit Rouladennadeln oder Hölzchen zustecken und nacheinander in dem Mehl, den aufgeschlagenen Eiern und dem Paniermehl wenden. In heißem Öl bei mittlerer Hitze von beiden Seiten braten.

Vorbereitungszeit: ca. 15 Minuten

Garzeit: ca. 20 Minuten

Überraschungsklöße mit Pfifferlingssoße

Zutaten

1 Paket Rohe Klöße
2 EL Öl
300 g Rinderhackfleisch
Salz
frisch gemahlener Pfeffer
Paprikapulver
einige Spritzer Zitronensaft
1 EL Sojasauce
Pfifferlingssauce
300 g Pfifferlinge
1 Zwiebel
100 g fetter Speck
20 g Butter
1 EL Mehl
Salz
Paprikapulver edelsüß
gerebelter Majoran
¼ l Brühe
⅛ l Rotwein
1 Bund Petersilie

Zubereitung

1. Den Rohe-Klöße-Teig nach Anweisung des Herstellers vorbereiten.

2. Das Öl erhitzen und das Rinderhackfleisch mit den Gewürzen unter mehrmaligem Wenden braten, etwas abkühlen lassen.

3. Die Klöße formen und in die Mitte einen gehäuften Teelöffel Hackfleisch einarbeiten. Nach Anweisung ca. 20 Minuten in Wasser ziehen lassen.
4. In der Zwischenzeit die Pfifferlingssauce zubereiten. Pfifferlinge putzen und gründlich in kaltem Wasser waschen. Zum Abtropfen auf ein Sieb geben.
5. Die Zwiebel schälen, würfeln.
6. Den fetten Speck würfeln und im Topf auslassen, dann die Butter und die Zwiebel hinzufügen. Pfifferlinge unterheben und zehn Minuten garen lassen. Das Mehl und die Gewürze überstäuben, gut durchrühren und unter Rühren langsam die Brühe und den Rotwein zugießen. Nochmals zwei Minuten kochen lassen.
7. Die Klöße mit der Pfifferlingssauce anrichten und dick mit Petersilie überstreuen.

Vorbereitungszeit: ca. 35 Minuten

Garzeit: ca. 20 Minuten

Weiße Bohnensuppe mit Hackfleisch

Zutaten

1 Zwiebel
1 EL Margarine
500 g gemischtes Hackfleisch
Salz
Pfefferpulver
1 Knoblauchzehe
1 1/1 Dose weiße Bohnen mit Suppengrün
1 1/1 Dose geschälte Tomaten
Oregano

Zubereitung

1. Die Zwiebel fein würfeln und in der Margarine glasig braten.

2. Das Hackfleisch hinzufügen und unter mehrmaligem Rühren anbraten. Mit Salz, Pfefferpulver sowie der fein zerdrückten Knoblauchzehe würzen.

3. Die Bohnen und die Tomaten in einen großen Topf geben. Das gebratene Hackfleisch hinzufügen und alles ca. 10 Minuten köcheln lassen. Mit Oregano abschmecken.

Vorbereitungszeit: ca. 20 Minuten

Fertigstellung: ca. 15 Minuten

Weißkrautbraten in der Auflaufform

Zutaten

500 g Weißkraut
1 Zwiebel
2 EL Öl
2 Lorbeerblätter, 3 Gewürznelken
Salz, frisch gemahlener Pfeffer
frisch gemahlener Kümmel
⅛ l heißes Wasser
500 g gemischtes Hackfleisch
1 Becher saure Sahne
100 g durchwachsener Speck
Butter zum Einfetten

Zubereitung

1. Das Weißkraut putzen und 4 große Blätter abtrennen. Das restliche Weißkraut grob zerkleinern.
2. Die Zwiebel schälen, grob hacken. Das Öl in einem Topf erhitzen und das Kraut mit den Zwiebeln, Gewürzen und ⅛ l heißem Wasser ca. 10 Minuten dünsten.
3. Dann das Hackfleisch und die saure Sahne untermischen.
4. Eine feuerfeste Form einfetten und mit 2 Krautblättern auslegen. Die Weißkraut-Fleisch-Mischung einfüllen. Mit 2 Krautblättern abdecken und mit den Speckscheiben belegen. In geschlossener Form im Backofen fertiggaren.

Gas: Stufe 3 **E-Herd:** 200 °C

Vorbereitungszeit: ca. 25 Minuten

Garzeit: ca. 30 Minuten

Hackfleisch als Gemüsefüllung

Auberginentopf

Zutaten

8 mittelgroße Kartoffeln
Salzwasser
4 Auberginen
2 EL Butter
2 große Zwiebeln
500 g gemischtes Hackfleisch
Salz
frisch gemahlener schwarzer Pfeffer
Majoran
Paprikapulver edelsüß
1 Päckchen Helle Sauce
2 EL Crème fraîche
gemahlener Kümmel
200 g frische Champignons
1 EL Butter
1 Bund Petersilie

Zubereitung

1. Die Kartoffeln als Pellkartoffeln in Salzwasser garen.

2. In der Zwischenzeit die gewaschenen halbierten Auberginen in der Butter anbraten, aus der Pfanne nehmen und warm stellen.

3. In der Butter die geschälten, fein gewürfelten Zwiebeln hell anbräunen.
4. Das Hackfleisch dazugeben. Alles gut durchbraten, mit Salz, Pfeffer, Majoran, Paprikapulver würzen.
5. Die Helle Sauce nach Anweisung des Herstellers zubereiten, mit Crème fraîche und gemahlenem Kümmel verfeinern und nachwürzen.
6. Die Champignons putzen, waschen, in feine Scheiben schneiden und in Butter ca. 10 Minuten dünsten.
7. Eine Auflaufform mit den geschälten und in Scheiben geschnittenen Kartoffeln auslegen.
8. In die vorgebratenen Auberginenhälften je eine Kerbe einschneiden und die vorbereitete Hackfleischfüllung gleichmäßig verteilen.
9. Die gefüllten Auberginen auf die Kartoffeln setzen.
10. Die Sauce sorgfältig und gleichmäßig über die Auberginen gießen. Obenauf die Champignonblättchen geben.
11. Das Gericht im vorgeheizten Backofen in der geschlossenen Auflaufform nochmals ca. 15 Minuten durchziehen lassen. Zum Schluß frisch gehackte Petersilie überstreuen.

Gas: Stufe 4 **E-Herd:** 220°C

Vorbereitungszeit: ca. 35 Minuten

Garzeit: ca. 15 Minuten

Gefüllte Champignons

Zutaten

12 große Champignons
½ Zwiebel
1 TL gehackte Petersilie
150 g Schweinemett
1 EL Semmelbrösel
1 Eigelb
frisch gemahlener schwarzer Pfeffer
Sojasauce, Salz, Paprikapulver
1 EL Crème fraîche
⅛ l Fleischbrühe

Zubereitung

1. Die Champignons putzen, waschen und die Stiele abtrennen.
2. Die Stiele, die geschälte Zwiebel sowie die Petersilie mit dem Wiegemesser sehr fein hacken.
3. Das Schweinemett, die Semmelbrösel, das Eigelb, Pfeffer, Sojasauce, Salz, Paprikapulver sowie Crème fraîche mit den gehackten Zutaten gründlich vermischen.
4. Die Fleischbrühe in eine Auflaufform gießen. In die Wölbung der Pilzköpfe die Füllung bergartig einfüllen und in die Form setzen. Mit einem Deckel oder Alufolie abdecken und im vorgeheizten Backofen garen.

Gas: Stufe 3–4 **E-Herd:** 210°C

Vorbereitungszeit: ca. 25 Minuten

Garzeit: ca. 30 Minuten

Gefüllte Gurken

Zutaten

2 Salatgurken

150 g Gouda

2 rote Paprikaschoten

250 g gemischtes Hackfleisch

Salz

frisch gemahlener weißer Pfeffer, Currypulver

1 Bund Dill

1 Päckchen Helle Sauce

Meerrettich aus der Tube, Senf

Zubereitung

1. Die Salatgurken gründlich mit heißem Wasser waschen und längs halbieren. Mit einem Teelöffel die Kerne ausschaben.

2. Den Käse in sehr feine Würfel schneiden.

3. Die Paprikaschoten halbieren, von Kernen und Scheidewänden befreien und waschen. Ebenfalls in kleine Würfel schneiden.

4. Käse- und Paprikawürfel mit Hackfleisch mischen. Mit Salz, Pfeffer und Currypulver würzen. Zum Schluß feingehackten Dill unterziehen.

5. Die Helle Sauce nach Anweisung zubereiten, mit Meerrettich und Senf abschmecken.

6. Die Gurkenhälften mit Salz und Pfeffer würzen und die Füllung verteilen. Die gefüllten Gurkenhälften in die Sauce setzen und bei geringer Hitze gar ziehen lassen.

Vorbereitung: ca. 25 Minuten

Garzeit: ca. 25 Minuten

Gefüllte Kohlrabi

Zutaten

8 mittelgroße Kohlrabi
250 g gemischtes Hackfleisch
1 große Zwiebel
1 Brötchen, 1 Ei
1 TL grüne Pfefferkörner, Salz, Currypulver
Sojasauce
1 Päckchen Helle Sauce, Sahne
1 Eigelb
1 EL gehackte Petersilie

Zubereitung

1. Die Kohlrabi schälen und in Salzwasser ca. 10 Minuten garen. Das Gemüse rausnehmen, jeweils einen Deckel abschneiden und das Innere mit einem Teelöffel aushöhlen.
2. Das Hackfleisch mit der geschälten, gewürfelten Zwiebel, dem eingeweichten, gut ausgedrückten Brötchen, dem Ei, den mit einer Gabel zerdrückten Pfefferkörnern, Salz, Currypulver und Sojasauce mischen und abschmecken.
3. Die Hälfte der ausgehöhlten Kohlrabimasse unter das Hackfleisch mischen und die Kohlrabi füllen. Den Deckel aufsetzen.
4. Die Helle Sauce nach Anweisung des Herstellers zubereiten und die Kohlrabi zum Garen in die Sauce setzen.
5. Nach dem Garen die Kohlrabi herausnehmen und die Sauce mit Sahne verfeinern. Mit Eigelb legieren und gehackte Petersilie überstreuen. Die Kohlrabi in der Sauce servieren.

Vorbereitungszeit (mit Vorgarzeit): ca. 30 Minuten

Garzeit: ca. 25 Minuten.

Gefüllte Paprikaschoten nach Saarland Art

Zutaten

4 Paprikaschoten
3 Eier
150 g Schweinemett
250 g Kartoffeln
3 EL geriebener Tilsiter
2 TL feingehackte Petersilie
2 EL Margarine
¼ l Fleischbrühe
2 TL Tomatenmark, Stärkemehl

Zubereitung

1. Möglichst breite Paprikaschoten kaufen. Diese dann halbieren. Scheidewände, Kerne und Stielansatz entfernen. Die Schoten gründlich waschen.
2. Zwei Eier hart kochen.
3. Das Schweinemett mit einem rohen Ei mischen.
4. Die Kartoffeln schälen, mit einer groben Gemüsereibe reiben und mit dem geriebenen Käse und der gehackten Petersilie unter den Fleischteig arbeiten.
5. Mit diesem Fleischteig die Paprikaschoten füllen. Die Margarine zerlassen und die Paprikaschoten in der heißen Margarine andünsten und dann mit Brühe, die mit dem Tomatenmark verquirlt wird, aufgießen. Bei geringer Hitze fertiggaren.
6. Die Paprikaschoten nach dem Garen herausnehmen, warm stellen und den Fond mit Stärkemehl binden.

Vorbereitungszeit: ca. 25 Minuten

Garzeit: ca. 40 Minuten

Gefüllter Rotkohl

Zutaten

1 mittelgroßer Rotkohl
1 Zwiebel
20 g Margarine
Salz
Pfefferpulver
250 g Schweinemett
2 Eier
2 EL Rosinen
1 kleiner Apfel
¼ l Brühe

Zubereitung

1. Den Rotkohl putzen, waschen, innen aushöhlen. Das Ausgehöhlte kleinschneiden und mit der gehackten Zwiebel in der Margarine ca. 10 Minuten dünsten. Mit Salz und Pfeffer abschmecken.

2. Die Hälfte des angedünsteten Rotkohls mit Schweinemett, Eiern, Rosinen und dem in Würfel geschnittenen Apfel mischen. Diese Masse in den ausgehöhlten Kohlkopf füllen.

3. Den gefüllten Kohlkopf in die Brühe setzen, bei geschlossenem Topf garen.

4. Das restliche Gemüse fertigdünsten und beim Anrichten um den Kohlkopf legen.

Vorbereitungszeit: ca. 25 Minuten

Garzeit: ca. 35 Minuten

Gefüllte Tomaten

Zutaten

8 Tomaten
300 g gemischtes Hackfleisch
2 Eier
1 Brötchen
Salz
frisch gemahlener schwarzer Pfeffer
2 EL gehackte Petersilie
4 Scheiben Chester
Öl zum Bestreichen

Zubereitung

1. Die Tomaten waschen, jeweils einen Deckel abschneiden und mit einem Teelöffel die Tomaten aushöhlen. Zum Abtropfen zur Seite stellen.

2. Das Hackfleisch mit den Eiern, dem eingeweichten, wieder ausgedrückten Brötchen, Salz, Pfeffer und Petersilie vermischen.

3. Die Tomaten mit Salz, gemahlenem Pfeffer würzen und mit der Fleischmasse füllen. Jeweils eine halbe Scheibe Chester und den Tomatendeckel auflegen.

4. Die Tomaten in geölte Folie einschlagen und in den vorgeheizten Backofen setzen.

Gas: Stufe 4 **E-Herd:** 220 °C

Vorbereitungszeit: ca. 20 Minuten

Garzeit: ca. 30 Minuten.

Gefüllte Sellerieknollen

Zutaten

4 mittelgroße Sellerieknollen
Salzwasser
1 EL Öl
200 g gemischtes Hackfleisch
100 g durchwachsener Speck
1 Zwiebel
Knoblauchpulver
Selleriesalz
frisch gemahlener Pfeffer
4 Speckscheiben
1 Päckchen Helle Sauce
4 EL Crème fraîche
1 TL Meerrettich aus der Tube

Zubereitung

1. Die Sellerieknollen waschen und schälen. In Salzwasser ca. 20 Minuten garen. Dann herausnehmen, einen Deckel abschneiden. Das Innere mit einem Teelöffel sorgfältig herausschälen.

2. Das Öl in der Pfanne erhitzen, das Hackfleisch mit dem gewürfelten Speck anbraten.

3. Die Zwiebel schälen, würfeln und mitdünsten. Mit Knoblauchpulver, Selleriesalz, Pfeffer würzen.

4. Die Hälfte der ausgeschälten Selleriemasse unter das Hackfleisch verarbeiten und die Sellerieknollen damit füllen. Die abgeschnittenen Deckel aufsetzen und eine Scheibe durchwachsenen Speck mit einem Zahnstocher auf den Deckel feststecken.

5. Die gefüllten Sellerieknollen in eine gefettete Auflaufform setzen und in den vorgeheizten Backofen stellen.
6. Die Helle Sauce nach Anweisung des Herstellers mit der Selleriebrühe zubereiten und mit Crème fraîche und Meerrettich verfeinern. Die Sauce getrennt zu den gefüllten Sellerieknollen servieren.

Gas: Stufe 4 **E-Herd:** 220 °C

Vorbereitungszeit (mit Vorgarzeit der Sellerieknollen): ca. 30 Minuten

Garzeit: ca. 40 Minuten

Gefüllte Zucchini

Zutaten

4 Zucchini
200 g Rinderhackfleisch
1 Zwiebel, 1 Knoblauchzehe
Salz, Cayennepfeffer
Sojasauce, Thymian, Basilikum
1 EL Öl
150 g Tilsiter
1 Bund Petersilie

Zubereitung

1. Die Zucchini waschen, der Länge nach halbieren und das Kerngehäuse mit einem Teelöffel ausschaben.
2. Für die Füllung das Rinderhackfleisch mit der geschälten, feingewürfelten Zwiebel und der Knoblauchzehe mischen. Pikant mit Salz, Cayennepfeffer, Sojasauce, Thymian und Basilikum abschmecken.
3. Die Füllung in die vorbereiteten Zucchinis füllen.
4. Eine flache Auflaufform mit dem Öl ausstreichen. Die gefüllten Zucchinis in die Form setzen und im vorgeheizten Backofen garen.
5. Nach ca. 20 Minuten mit geriebenem Käse überstreuen und goldgelb werden lassen.
6. Vor dem Servieren dick mit feingeschnittener Petersilie überstreuen.

Gas: Stufe 4 **E-Herd:** 220 °C

Vorbereitungszeit: ca. 20 Minuten

Garzeit: ca. 35 Minuten

Zwiebeltopf mit Hackfleisch

Zutaten

40 g Margarine
500 g Zwiebeln
2 EL Langkornreis
¾ l Brühe
250 g Paprikaschoten
250 g Tomaten
250 g Hackfleisch
Salz
frisch gemahlener Pfeffer
Tabascosauce
Curry
gerebelten Majoran

Zubereitung

1. Die Margarine im Topf zerlassen. Die Zwiebeln schälen, in Scheiben schneiden und in dem Fett dünsten.
2. Den Reis und die Brühe dazugeben.
3. Die Paprikaschoten von Stielen und Kernen befreien und in Streifen schneiden, hinzufügen.
4. Die Tomaten häuten, Stielansatz entfernen, in grobe Stücke schneiden und in den Topf geben.
5. Das Hackfleisch mit zwei Gabeln auf einem Brett zerpflükken und fein zerpflückt in den Zwiebeltopf gleiten lassen. Das Gericht kräftig würzen und ca. 20 Minuten garen lassen.

Vorbereitungszeit: ca. 15 Minuten

Garzeit: ca. 20 Minuten

Gefüllte Zwiebeln I

Zutaten

4 große Zwiebeln
½ l Fleischbrühe
250 g gemischtes Hackfleisch
1 Brötchen
100 g durchwachsener Speck
1 Ei
Salz, frisch gemahlener weißer Pfeffer
1 TL Tiefkühl-Kräuter
einige Tropfen Zitronensaft, 1 TL Kapern
1 EL Butter

Zubereitung

1. Die Zwiebeln schälen. In kochender Fleischbrühe ca. 15 Minuten garen. Herausnehmen, einen Deckel abschneiden und mit einem Teelöffel aushöhlen. Das ausgehöhlte Zwiebelmark feinhacken und mit dem Fleischteig und den anderen Zutaten verarbeiten.
2. Dazu das Hackfleisch mit dem eingeweichten, wieder ausgedrückten Brötchen, mit sehr fein gewürfelten Speck, dem Ei, Salz, Pfeffer, den Kräutern, Zitronensaft und feingehackten Kapern vermengen. Mit der Füllung die Zwiebeln füllen.
3. In eine gefettete Auflaufform stellen. Etwas von der Zwiebelbrühe zugießen und im vorgeheizten Backofen garen.

Gas: Stufe 3–4 **E-Herd:** 210°C

Vorbereitungszeit: ca. 40 Minuten

Garzeit: ca. 45 Minuten

Gefüllte Zwiebeln II

Zutaten

4 große Zwiebeln
200 g Schweinemett
150 g Gouda
1 EL Semmelbrösel
frisch gemahlener schwarzer Pfeffer
Knoblauchpulver, 1 TL Sojasauce, einige Tropfen Zitronensaft
1 EL Butter
¾ l Fleischbrühe
2 Tomaten
1 TL Butter

Zubereitung

1. Die Zwiebeln schälen und aushöhlen. Das Zwiebelfleisch feinhacken und mit dem Schweinemett mischen.
2. Den Käse in Würfel schneiden und mit den Semmelbröseln unter das Zwiebelfleisch mischen. Mit Pfeffer, Knoblauch, Sojasauce, Zitronensaft würzen und in die Zwiebeln füllen.
3. Eine Auflaufform mit einem Eßlöffel Butter ausfetten und die Zwiebeln einsetzen.
4. Mit heißer Fleischbrühe auffüllen und abdecken.
5. Im vorgeheizten Backofen garen. Nach dem Garen garnieren. Dafür die Tomaten in dickere Scheiben schneiden und in heißer Butter kurz dünsten. Die Zwiebeln damit belegen.

Gas: Stufe 3–4 **E-Herd:** 210°C

Vorbereitungszeit: ca. 25 Minuten

Garzeit: ca. 50 Minuten

Hackfleisch mit Chinakohl

Zutaten

2 Stauden Chinakohl

Salz, frisch gemahlener Kümmel

500 g gemischtes Hackfleisch

frisch gemahlener Pfeffer, Paprika rosenscharf

einige Tropfen Tabasco, Ingwerpulver, Knoblauchpulver

1 Päckchen Helle Sauce, 2 Ecken Schmelzkäse

Zubereitung

1. Äußere und welke Blätter der Kohlstauden entfernen und längs halbieren. Den inneren Strunk ausschneiden und sehr sorgfältig unter fließendem kaltem Wasser waschen. Auf Küchenpapier zum Abtropfen legen.

2. Das gemischte Hackfleisch mit den Gewürzen gründlich mischen und abschmecken.

3. Die Helle Sauce nach Anweisung des Herstellers zubereiten und den Schmelzkäse, in Stücke geschnitten, in der heißen Sauce verrühren.

4. Eine längliche Auflaufform mit 2 Hälften Chinakohl – die innere Seite des Kohls nach oben – füllen. Salz und Kümmel überstreuen.

5. Das Hackfleisch in die Chinakohlhälften gleichmäßig verteilen und die anderen Hälften – ebenfalls mit Salz und Kümmel gewürzt – mit der Innenseite auf das Hackfleisch drücken.

6. Die Käsesauce gleichmäßig über das Gericht verteilen. Einen Deckel auflegen und im vorgeheizten Backofen garen.

Gas: Stufe 4 **E-Herd:** 220 °C

Vorbereitungszeit: ca. 20 Minuten

Garzeit: ca. 45 Minuten

Paprikaschoten mit Sauerkrautfleisch

Zutaten

100 g durchwachsener Speck
1 Zwiebel
1 EL Öl
200 g Sauerkraut
200 g Schweinemett
1 Päckchen Tomatensauce
¼ l Wasser
4 Paprikaschoten
1 Tomate

Zubereitung

1. Den Speck und die Zwiebel in Würfel schneiden und in heißem Öl anbraten.
2. Das Sauerkraut mit zwei Gabeln auseinanderpflücken und das Schweinemett hinzufügen und kurz mitdünsten.
3. Die Tomatensauce mit ¼ l Wasser in einer feuerfesten Form nach Anweisung zubereiten.
4. Deckel von den Paprikaschoten abschneiden, Stiele mit Kernen entfernen, in kochendem Salzwasser ca. 3 Minuten blanchieren. Zum Abtropfen auf Küchenpapier stellen.
5. Dann die Sauerkrautfleischmischung in die Paprikaschoten füllen und diese in die Tomatensauce stellen.
6. Tomate in Scheiben schneiden und damit jede Paprikaschote belegen, einmal aufkochen lassen und bei geschlossener Form und geringer Hitze gar ziehen lassen.

Vorbereitungszeit: ca. 25 Minuten

Garzeit: ca. 20 Minuten

Gefüllte Auberginen

Zutaten

4 Auberginen
1 EL Butter
1 EL Öl
2 große Zwiebeln, 2 Knoblauchzehen
375 g gemischtes Hackfleisch
2 Tomaten
1 TL getrockneter Dill
Salz, frisch gemahlener schwarzer Pfeffer
Paprikapulver, einige Tropfen Tabasco
1 Bund Petersilie

Zubereitung

1. Die gewaschenen Auberginen halbieren und in der Butter anbraten, herausnehmen und in einer Pfanne warm stellen.
2. Das Öl erhitzen und die geschälten, gewürfelten Zwiebeln und die geschälten, zerdrückten Knoblauchzehen andünsten.
3. Das Hackfleisch dazugeben.
4. Die gewaschenen Tomaten in Würfel schneiden. Alles gut durchbraten und mit den Gewürzen abschmecken.
5. Die Auberginen der Länge nach etwas aushöhlen. Das Fruchtfleisch noch unter die Hackfleischmasse mischen. Diese fertige Masse in die Auberginenhälften füllen. In einer gefetteten Auflaufform im vorgeheizten Backofen garen. Vor dem Servieren mit gehackter Petersilie bestreuen.

Gas: Stufe 3 **E-Herd:** 220 °C

Vorbereitungszeit: ca. 25 Minuten

Garzeit: ca. 25 Minuten

ROPA IMMERFEST
Patent

Gefüllte Auberginen, Rezept S. 104

Hackfleischrezepte mit Käse

Hackfleischbrot mit Korbkäse überbacken

Zutaten

4 Scheiben kräftiges Bauernbrot
2 TL Butter
300 g Schweinemett
gemahlener Kümmel
4 Tomaten
frisch gemahlener weißer Pfeffer
Salz
4 Portionen Korbkäse
4 Zweige frische Petersilie

Zubereitung

1. Das Bauernbrot im Toaster toasten. Etwas abgekühlt dünn mit der Butter bestreichen und das Schweinemett darauf verteilen. Gemahlenen Kümmel darüberstreuen.

2. Die Tomaten von Haut und Stielansatz befreien, in gleichmäßige Scheiben schneiden und fächerartig auf die Brote legen. Mit Pfeffer und Salz würzen.

3. Den Korbkäse in dickere Scheiben schneiden und auf die Tomatenscheiben verteilen. Im vorgeheizten Backofen überbacken bis der Käse zu schmelzen beginnt. Herausnehmen, jede Portion mit einem Zweig Petersilie garnieren und sofort servieren.

Vorbereitungszeit: ca. 20 Minuten

Überbackzeit: ca. 5 Minuten

Cheeseburger »Hawaii«

Zutaten

250 g gemischtes Hackfleisch
1 Brötchen
1 Zwiebel
1 Ei
Salz
frisch gemahlener schwarzer Pfeffer
1 TL Senf
1 TL geriebener Meerrettich
2 EL Öl
2 Brötchen
2 TL Butter
4 Scheiben Ananas
4 Scheiben Emmentaler
1 kleine Flasche Tomatenketchup
4 EL Öl
1 kleiner Apfel
1 kleine Zwiebel
1 EL frisch gehackte Petersilie
Salz
1 Prise Zucker
frischgemahlener weißer Pfeffer
2 EL Weinbrand

Zubereitung

1. Das Hackfleisch mit dem eingeweichten, wieder ausgedrückten Brötchen, der geschälten, sehr fein gewürfelten Zwiebel und dem Ei vermischen. Mit Salz, Pfeffer, dem Senf und dem Meerrettich würzen und vier flache Frikadellen in Brötchenform formen.

2. Das Öl in der Pfanne zerlassen, die Frikadellen von beiden Seiten braten.

3. Die Brötchen mit der Butter bestreichen und jede Hälfte mit einer Frikadelle belegen.

4. Die Ananasscheiben in feine Streifen schneiden, auf den Frikadellen verteilen und mit je einer Scheibe Käse abdecken.

5. Unter den Grill setzen oder im vorgeheizten Backofen überbacken, bis der Käse zu schmelzen beginnt.

6. Für die Sauce den Tomatenketchup mit dem Öl verrühren.

7. Den geschälten, entkernten und geriebenen Apfel unterziehen. Ebenso die geschälte und geriebene Zwiebel. Frisch gehackte Petersilie, Salz, Zucker, Pfeffer und Weinbrand als weitere Würzmittel hinzufügen. Abschmecken und zu den »Cheeseburgern« servieren.

Vorbereitungszeit: ca. 15 Minuten

Garzeit: ca. 20 Minuten

Hackbraten mit Gorgonzola

Zutaten

500 g gemischtes Hackfleisch
1 Brötchen
2 EL Semmelbrösel
1 Ei
1 Zwiebel, 2 Knoblauchzehen
frisch gemahlener schwarzer Pfeffer
1 EL Sojasauce, Salz
150 g Gorgonzola
2 große Scheiben gekochter Schinken

Zubereitung

1. Das gemischte Hackfleisch mit dem eingeweichten, wieder ausgedrückten Brötchen, den Semmelbröseln, der fein gehackten Zwiebel und den zerdrückten Knoblauchzehen zu einem Fleischteig verarbeiten. Mit den Gewürzen abschmecken.

2. Den Fleischteig auf einem kalt abgespülten Brett zu einem länglichen Brotlaib formen und längs bis zur Mitte mit der Handkante eine Mulde eindrücken.

3. Den Gorgonzola in kleine Würfel zerpflücken und in die Schinkenscheiben einrollen. In die Mitte des Fleischteiges geben und den Fleischteig wieder darüber verteilen und gut andrücken.

4. Den so zubereiteten Hackbraten in Bratfolie geben und nach Vorschrift des Herstellers schließen, in den vorgeheizten Backofen auf das Traggitter setzen.

Vorbereitungszeit: ca. 20 Minuten

Garzeit: ca. 45 Minuten

Käse-Hackbraten

Zutaten

1 kg gemischtes Hackfleisch
Salz
Pfeffer
Thymian
Oregano
Paprikapulver
1 grüne Paprikaschote
1 rote Paprikaschote
250 g Gouda
1 EL Öl

Zubereitung

1. Das Hackfleisch mit den Gewürzen vorbereiten.

2. Die Paprikaschoten waschen, von Scheidewände und Kernen befreien und in sehr feine Würfel schneiden.

3. Den Käse ebenfalls fein würfeln. Paprika- und Käsewürfel unter den Hackfleischteig arbeiten und einen Hackbraten formen.

4. Eine flache längliche Auflaufform mit dem Öl ausstreichen und den Braten hineinsetzen. Im vorgeheizten Backofen braten.

Gas: Stufe 4 **E-Herd:** 220 °C

Vorbereitungszeit: ca. 15 Minuten

Garzeit: ca. 50 Minuten

Hackfleischtopf mit Tilsiter

Zutaten

1 EL Margarine
2 Zwiebeln
200 g Langkornreis
½ l Fleischbrühe
1 Lorbeerblatt
4 Nelken
½ TL Currypulver
1 kleine Dose Tomatenmark
500 g gemischtes Hackfleisch
1 Brötchen
2 Eier
2 EL Semmelbrösel
Salz
Cayennepfeffer
Majoran
1 Bund Petersilie
2 EL Öl
4 Scheiben Tilsiter

Zubereitung

1. Die Margarine zerlassen und eine geschälte, feingewürfelte Zwiebel glasig dünsten.

2. Den Langkornreis anrösten und mit der heißen Fleischbrühe auffüllen.

3. Eine geschälte und mit Lorbeerblatt und Nelken gespickte Zwiebel hinzufügen. Currypulver und Tomatenmark einrühren. Den Reis im geschlossenen Topf ausquellen lassen.

4. Das Hackfleisch mit dem eingeweichten, wieder ausgedrückten Brötchen, den Eiern, den Semmelbröseln, den Gewürzen und der feingeschnittenen Petersilie zu einem pikanten Teig arbeiten.

5. Eine Auflaufform mit Öl bestreichen, abwechselnd Reis und Hackfleisch einschichten – zum Schluß Hackfleisch. Im vorgeheizten Backofen ca. 40 Minuten überbacken.

6. Dann den Käse obenauf legen und bis zum Zerlaufen des Käses nochmals in den heißen Backofen stellen.

Gas: Stufe 4 **E-Herd:** 220 °C

Vorbereitungszeit (mit Garzeit des Reises): ca. 35 Minuten

Garzeit: ca. 50 Minuten

Käsetaschen mit Hackfleisch gefüllt

Zutaten

1/16 l Milch
20 g Hefe
250 g Mehl
1 TL Zucker
50 g Margarine
1 Ei
1 Prise Salz
1 Eiweiß
Fett zum Einstreichen des Backbleches
150 g gemischtes Hackfleisch
1 Eigelb
1 kleine Zwiebel
frisch gemahlener Pfeffer
Salz
Kräuter der Provence
200 g geriebener Emmentaler

Zubereitung

1. Backofen auf 50–80 Grad vorwärmen.

2. Die Milch lauwarm erhitzen. Die Hefe mit einem Eßlöffel Mehl, einem Teelöffel Zucker in die Milch rühren und in den vorgeheizten Backofen zum Gehen stellen.

3. In der Zwischenzeit die Margarine schaumig rühren, das Ei mit etwas Mehl wie zu einem Rührteig unterarbeiten. Eine Prise Salz überstreuen und eine Schicht Mehl übersieben.

4. Die gegangene Hefe darübergießen, den Rest des Mehles übersieben – so daß das Hefestück in Mehl eingeschlossen ist – und den Hefeteig als Knetteig weiterverarbeiten, abschlagen, bis er sich locker vom Schüsselrand löst.
5. Dann nicht zu dünn ausrollen. Entweder runde Plätzchen mit 8–10 cm Durchmesser ausstechen oder Vierecke mit einem Backrad ausradeln und in die Mitte die Füllung geben.
6. Die eine Hälfte des Teigplätzchens am Rand dünn mit Eiweiß bestreichen, die andere darüberklappen und den Rand auf Rand leicht andrücken.
7. Die Teigtaschen auf das gefettete Backblech legen und zum nochmaligen Gehen wiederum in den mit 80 Grad vorgeheizten Backofen setzen. Dann mit normaler Backtemperatur backen.
8. Für die Füllung das Hackfleisch mit dem Eigelb, der geschälten, sehr fein gewürfelten Zwiebel und den Gewürzen abschmecken und gut durcharbeiten.
9. In den letzten 5–10 Minuten der Backzeit den geriebenen Käse über die Taschen verteilen und bis zum Schmelzen und leichten Bräunen des Käses im Backofen belassen. Der Käse darf nicht zu braun werden. Er kann sonst leicht bitter schmecken.

Gas: Stufe 4 **E-Herd:** 220°C

Gehzeit: ca. 20–25 Minuten

Backzeit: ca. 20–25 Minuten

Lasagne

Zutaten

250 g Lasagnenudeln
375 g gemischtes Hackfleisch
1 Paket Tiefkühl-Spinat
2 Zwiebeln, 1 Knoblauchzehe
1 EL Tomatenmark
Majoran, Salz, Pfefferpulver
2 Päckchen Helle Sauce
⅛ l Sahne
100 g geriebener Gouda, geriebene Muskatnuß

Zubereitung

1. Die Lasagnenudeln in Salzwasser garen.
2. Das Hackfleisch mit dem aufgetauten Spinat vermischen.
3. Die Zwiebeln und die Knoblauchzehe schälen, sehr fein würfeln und unter den Fleischteig mischen. Mit dem Tomatenmark, Majoran, Salz, Pfeffer würzen.
4. Die Helle Sauce nach Anweisung des Herstellers zubereiten und mit Sahne verfeinern.
5. Den geriebenen Gouda unter Rühren in der Hellen Sauce schmelzen lassen und mit Muskat abschmecken.
6. Ein Backblech mit höherem Rand oder die Fleischpfanne mit Butter einfetten und die Hälfte der Nudelplatten auslegen, die Füllung gleichmäßig darüber verteilen. Mit den restlichen Nudelplatten abdecken. Die Käsesauce gleichmäßig über die Lasagne gießen. Im vorgeheizten Backofen überbacken.

Gas: Stufe 4 **E-Herd:** 220°C

Vorbereitungszeit: ca. 40 Minuten (Auftauzeit des Spinates nicht beachtet)

Überbackzeit: ca. 45 Minuten

Hacksteaks mit Roquefortcreme

Zutaten

2 EL Roquefort
4 EL Sahne
8 Scheiben Toastbrot
8 Tiefkühl-Hacksteaks
2 EL Öl
frisch gemahlener weißer Pfeffer
2 Gläschen Weinbrand
1 Bund Petersilie

Zubereitung

1. Den Roquefort mit der Sahne glattrühren.
2. Die Toastbrote toasten und rund ausstechen – warm halten.
3. Die Tiefkühl-Hacksteaks nach Anweisung des Herstellers im Öl braten.
4. Frisch gemahlenen Pfeffer überstreuen. Mit dem angewärmten Weinbrand umgießen und flambieren. Sobald die Flammen erloschen sind, die Hacksteaks auf die gerösteten Toastscheiben setzen. Auf vorgewärmten Tellern anrichten.
5. Die Roquefort-Sahne-Mischung in den Bratenfond rühren, kräftig durchkochen und über die Hacksteaks verteilen.
6. Die Petersilie waschen, in Küchenkrepp ausschleudern und die Brote mit kleinen Petersiliensträußchen garnieren.

Vorbereitungszeit: ca. 15 Minuten

Garzeit: ca. 25 Minuten

Staudensellerie für Feinschmecker

Zutaten

4 Staudensellerie
1 Zwiebel
2 EL Butter
¼ l Fleischbrühe
1 Becher Crème fraîche
2 EL Zitronensaft
Margarine zum Ausfetten der Auflaufform
250 g gemischtes Hackfleisch
Salz
Pfeffer
geriebene Muskatnuß
2 EL Öl
100 g Emmentaler Käse

Zubereitung

1. Den Sellerie waschen, putzen und in ca. 6 cm große Stücke schneiden.
2. Die Zwiebel schälen und würfeln. Die Butter im Topf zerlassen und die Zwiebelwürfel glasig dünsten. Die Selleriestücke hinzufügenund kurz durchdünsten.
3. Mit der Fleischbrühe auffüllen und zugedeckt bei geringer Hitze 15 Minuten ziehen lassen.

4. Das Hackfleisch sehr pikant mit den Gewürzen abschmekken. Das Öl in der Pfanne erhitzen und das Hackfleisch unter Rühren braten.
5. Eine Auflaufform mit Margarine fetten.
6. Das Selleriegemüse in einem Sieb abtropfen lassen und dann in die Auflaufform füllen. Das Hackfleisch darüber verteilen. Crème fraîche mit Zitronensaft verrühren, gleichmäßig über Hackfleisch und Sellerie verteilen. Den geriebenen Käse überstreuen. Im vorgeheizten Backofen überbacken.

Gas: Stufe 5 **E-Herd:** 240 °C

Vorbereitungszeit (ohne Garzeit des Selleries): ca. 30 Minuten

Überbackzeit: ca. 10 Minuten (bis der Käse zerläuft und eine goldgelbe Farbe hat)
Sofort servieren!

Hackfleisch besonders preiswert

Blumenkohlauflauf

Zutaten

250 g gemischtes Hackfleisch
1 Zwiebel
1 Brötchen
2 TL Tomatenmark
Salz, Paprikapulver rosenscharf
1 EL Butter
1 mittelgroßer Blumenkohl
125 g Langkornreis
¾ l Brühe

Zubereitung

1. Aus dem Hackfleisch, der geschälten und gehackten Zwiebel, dem eingeweichten, wieder ausgedrückten Brötchen, dem Tomatenmark und den Gewürzen einen pikanten Fleischteig zubereiten und in der Butter kurz anbraten.
2. Die etwas abgekühlte Masse in eine Auflauform füllen, den geputzten, gut vorbereiteten und gewaschenen Blumenkohl in Röschen zerteilen und zum Hackfleisch geben.
3. Den Reis dazwischen streuen und mit kochender Brühe übergießen. In geschlossener Auflaufform im Backofen garen.

Gas: Stufe 4 **E-Herd:** 220 °C

Vorbereitungszeit: ca. 20 Minuten

Garzeit: ca. 50 Minuten

Eintopf nach Amerikanischer Art

Zutaten

1 ½ l Fleischbrühe
250 g Möhren
250 g Buchstabennudeln
150 g Kochwurst
200 g gemischtes Hackfleisch
1 EL Öl
Salz
Knoblauchpulver
Zwiebelpulver
einige Tropfen Tabasco
frisch gemahlener schwarzer Pfeffer
1 EL feingehackte Petersilie

Zubereitung

1. Die Fleischbrühe erhitzen.
2. In der Zwischenzeit die Möhren putzen, in Stifte schneiden und in der Fleischbrühe gar ziehen lassen.
3. Die Nudeln hinzufügen und ebenfalls garen.
4. Die Haut der Kochwurst entfernen, die Wurst in Stifte schneiden und hinzufügen.
5. Das Hackfleisch in heißem Öl rundum braun braten. Mit Salz, Knoblauch- und Zwiebelpulver, Tabasco, frisch gemahlenem Pfeffer würzen und unter den Eintopf mischen.
6. Vor dem Servieren die feingehackte Petersllle unterziehen.

Vorbereitungszeit: ca. 30 Minuten

Garzeit: ca. 40 Minuten

Ćevapčići

Zutaten

500 g gemischtes Hackfleisch
Salz
Pfefferpulver
Paprikapulver
1 Knoblauchzehe
einige Tropfen Tabasco
1 Ei
3 EL Semmelbrösel
3 EL Öl

Zubereitung

1. Das Hackfleisch mit der feingehackten Knoblauchzehe, den Gewürzen und dem Ei mischen.
2. Zu einem glatten Teig verarbeiten und kleine Würstchen formen, die in den Semmelbröseln gewälzt werden.
3. In heißem Öl in der Pfanne oder unter dem Grill braten.

Vorbereitungszeit: ca. 30 Minuten

Garzeit: ca. 15 Minuten

Ćevapčići, Rezept S. 122

Deutsche Steaks mit Äpfeln

Zutaten

500 g gemischtes Hackfleisch
1 Brötchen
2 Zwiebeln
2 Eier, Salz, Cayennepfeffer
Paprikapulver
Knoblauchpulver
1 TL Senf, 1 TL Tomatenmark
2 EL Öl
4 Äpfel
1 Hauch Currypulver

Zubereitung

1. Das Hackfleisch mit dem eingeweichten, wieder ausgedrückten Brötchen vermischen.
2. Die Zwiebeln schälen, fein würfeln. Mit den Eiern, Salz, Cayennepfeffer, Paprika- und Knoblauchpulver, dem Senf, dem Tomatenmark zu dem Fleischteig fügen und gut durcharbeiten.
3. Gleichmäßige, flache Steaks formen und in heißem Öl von beiden Seiten braten und garen. Anschließend herausnehmen und warm stellen.
4. Während der Bratzeit der Steaks die Äpfel vorbereiten. Dazu die Äpfel schälen, vierteln, entkernen und in dünne Spalten schneiden. In dem Bratfett weich dünsten und als Würze einen Hauch Curry überstäuben.
5. Die Steaks mit den Äpfeln umlegt servieren.

Vorbereitungszeit: ca. 20 Minuten

Garzeit: ca. 15 Minuten

Gefüllte Pfannkuchen

Zutaten

Teig:

250 g Mehl

4 Eier

Salz

gemahlener Pfeffer

Paprikapulver

⅜ l Milch

Öl zum Ausbraten

Füllung:

250 g Rinderhackfleisch

1 EL Öl

2 Zwiebeln

1 Knoblauchzehe

1 Bund Petersilie

6 Tomaten

1 EL Tomatenketchup

Cayennepfeffer

Majoran

2 Ecken Schmelzkäse

Fett zum Ausfetten der Überbackform

Zubereitung

1. Das Mehl, die Eier, die Gewürze und die Milch miteinander verrühren und ca. 30 Minuten ruhen lassen. Dann dünne Pfannkuchen in heißem Öl backen und warm halten.

2. Das Rinderhackfleisch im Öl anbraten.

3. Die Zwiebeln schälen, fein würfeln. Die Knoblauchzehe schälen, zerdrücken, beides zu dem Fleisch fügen, glasig werden lassen.
4. Die gehackte Petersilie, die abgezogenen Tomaten (das Abziehen der Tomatenhaut geht leichter, wenn die Tomaten ca. 8–12 Sekunden in kochendes Wasser getaucht sind), den Tomatenketchup zufügen, mit Gewürzen abschmecken.
5. Diese Füllung auf die Pfannkuchen geben, aufrollen, in eine gefettete Auflaufform legen, mit Schmelzkäsestreifen belegen und in den vorgeheizten Backofen setzen.

Gas: Stufe 5 **E-Herd:** 240 °C

Vorbereitungszeit (ohne Quellzeit des Pfannkuchenteiges): ca. 30 Minuten

Überbackzeit: ca. 10 Minuten

Hackfleischklößchen in Currysauce

Zutaten

500 g gemischtes Hackfleisch
1 Brötchen, 1 EL Semmelbrösel
1 Zwiebel
1 Ei
Salz, frisch gemahlener Pfeffer
geriebene Muskatnuß
40 g Butter, 40 g Mehl
½ l heiße Fleischbrühe
1 EL Crème fraîche
2 TL Currypulver
Zitronensaft, 1 Prise Zucker

Zubereitung

1. Das Hackfleisch mit dem eingeweichten, wieder ausgedrückten Brötchen und den Semmelbröseln vermischen.
2. Die Zwiebel schälen, in kleine Würfel schneiden und mit dem Ei, Salz, Pfeffer, Muskatnuß zu dem Fleischteig geben. Gründlich durcharbeiten und kleine Klößchen formen.
3. Die Butter im Topf zerlassen, das Mehl darin anschwitzen und nach und nach die Fleischbrühe mit dem Schneebesen einrühren. Crème fraîche, Currypulver, Zitronensaft und eine Prise Zucker hinzufügen.
4. Die Fleischklößchen in die Sauce geben und bei geringer Hitze gar ziehen lassen.

Vorbereitungszeit: ca. 30 Minuten

Garzeit: ca. 15 Minuten

Hackfleischpfanne mit Rührei

Zutaten

2 EL Öl
300 g gemischtes Hackfleisch
3 Zwiebeln
2 Knoblauchzehen
Salz
ein Hauch Chilipulver
Majoran
1 ½ Dose geschälte Tomaten
frisch gemahlener Pfeffer
4 Eier
geriebene Muskatnuß
1 EL frischer gehackter Dill

Zubereitung

1. Das Öl in der Pfanne zerlassen. Das Hackfleisch darin anbraten.
2. Die Zwiebeln und die Knoblauchzehen schälen, würfeln, zu dem Hackfleisch geben. Mit Salz, Chilipulver, Majoran würzen.
3. Die Tomaten grob zerkleinern und untermischen. Frisch gemahlenen Pfeffer überstreuen. Unter gelegentlichem Umrühren bei geringer Hitze garen.
4. Die Eier aufschlagen, mit Muskatnuß würzen. Eimasse über das Hackfleisch gießen und stocken lassen. Vor dem Servieren frisch gehackten Dill überstreuen.

Vorbereitungszeit: ca. 15 Minuten

Garzeit: ca. 20 Minuten

Hackfleischpizza

Zutaten

Teig:

150 g Mehl

Salz

10 g Hefe

1 Prise Zucker

⅛ l lauwarmes Wasser

Fett zum Einfetten

Belag:

250 g gemischtes Hackfleisch

Tomatenketchup

Majoran

Salz

Cayennepfeffer

Saft ½ Zitrone

2 eingelegte Tomatenpaprika

250 g Tomaten

frisch gemahlener weißer Pfeffer

Salz

Oregano

150 g geriebener Butterkäse

Zubereitung

1. Das Mehl und Salz in eine Schüssel geben. In die Mitte eine Mulde rühren. Die Hefe hineinbröckeln. Den Zucker überstreuen und mit etwas Wasser einen Vorteig rühren. Ca. 10 Minuten zugedeckt stehen lassen. Dann mit dem restlichen Wasser die Teigzutaten zu einem weichen Teig verarbeiten. Ca. 45 Minuten gehen lassen.

2. Eine Pizzaform ausfetten und mit einer ausgerollten Teigplatte auslegen.
3. Das Hackfleisch mit Tomatenketchup, Majoran, Salz, Cayennepfeffer und Zitronensaft würzen. Auf dem Teig gleichmäßig verstreichen. Darüber die feingeschnittenen Tomatenpaprika verteilen.
4. Die Tomaten ca. acht Sekunden in kochendes Wasser legen, dann häuten und in gefällige Scheiben schneiden. Auf der Pizza verteilen, mit Salz, Pfeffer und Oregano würzen. Den geriebenen Käse darüberstreuen. Im vorgeheizten Backofen backen.

Gas: Stufe 4 **E-Herd:** 220°C

Vorbereitungszeit (ohne Ruhezeit des Hefeteiges): ca. 25 Minuten

Backzeit: ca. 40 Minuten

Hackfleischtopf mit Gewürzgurken

Zutaten

500 g Schweinehackfleisch
2 EL Öl
2 Zwiebeln
2 Knoblauchzehen
frisch gemahlener Pfeffer
Salz
2 EL Sojasauce
1 EL Worcestersauce
1 EL getrocknete Dillspitzen
3 Gewürzgurken
½ l Fleischbrühe
Stärkemehl

Zubereitung

1. Das Schweinehackfleisch im Öl unter Rühren braun braten.
2. Die Zwiebeln und die Knoblauchzehen schälen, fein würfeln. Zu dem Hackfleisch fügen. Mit Pfeffer, Salz, Sojasauce, Worcestersauce und Dillspitzen würzen.
3. Die Gewürzgurken fein gewürfelt zu dem Hackfleischtopf geben und mit heißer Fleischbrühe auffüllen. Nach der Garzeit nach Belieben mit Stärkemehl sämig binden.

Vorbereitungszeit: ca. 20 Minuten

Garzeit: ca. 30 Minuten

Hacksteaks in Folie

Zutaten

500 g gemischtes Hackfleisch
2 Eier
Salz
frisch gemahlener weißer Pfeffer
Paprikapulver
Knoblauchpulver
2 Bund Petersilie
Majoran
2 EL Semmelbrösel

Zubereitung

1. Das Hackfleisch mit den Eiern, Salz, Pfeffer, Paprikapulver, Knoblauchpulver gründlich durchkneten. Die Petersilie gründlich waschen, trockentupfen, eine Portion sehr fein schneiden. Mit Majoran und den Semmelbröseln vermischen.
2. Gleichmäßig flache Hacksteaks formen.
3. Starke Alufolie für die Grillpfanne portionsgerecht falten, mit Öl bestreichen und je ein vorgeformtes Hacksteak darauf geben. Unter dem Grill jede Seite ca. 8 Minuten garen.
4. Die Hacksteaks ringsum mit kleinen Petersiliensträußchen umlegen und in der Folie servieren.

Vorbereitungszeit: ca. 30 Minuten

Garzeit: ca. 15 Minuten

Lauchpfannkuchen

Zutaten

2 Eier
4 EL Mehl
1 Prise Salz
¼ l Milch, ⅛ l Wasser, Öl
1 Scheibe Speck
250 g Hackfleisch
1 Stange Lauch
1 EL Tomatenmark
Salz, Pfefferpulver
Paprikapulver edelsüß
Knoblauchpulver

Zubereitung

1. Aus den Eiern, dem Mehl, Salz, der Milch und Wasser einen Pfannkuchenteig aufschlagen.
2. In einer heißen Pfanne in heißem Öl dünne Pfannkuchen ausbacken und warm stellen.
3. In der Zwischenzeit den Speck würfeln, in einem Topf auslassen, das Hackfleisch dazugeben, zwischenzeitlich rühren und gut durchdünsten.
4. Von der Stange Lauch das dunkelgrüne Blattende abschneiden, sehr gründlich waschen und in feine Streifen schneiden. Mit dem Tomatenmark und den Gewürzen zu dem Hackfleisch geben und kräftig abschmecken, fertiggaren.
5. Die warmgehaltenen Pfannkuchen damit füllen und zusammengerollt servieren.
Dazu schmeckt ein frischer Salat.

Vorbereitungszeit: ca. 20 Minuten

Garzeit: ca. 20 Minuten

Pikanter Ravioliauflauf

Zutaten

1 1/1 Dose Eier-Ravioli in Tomatensoße
4 Zwiebeln
1 Stange Lauch
1 EL Margarine
375 g gemischtes Hackfleisch
Salz
Pfeffer
Majoran
geriebene Muskatnuß
3 EL geriebener Käse

Zubereitung

1. Die Hälfte der Eier-Ravioli in eine Auflaufform füllen.
2. Die Zwiebeln schälen, den Lauch säubern und beides in feine Ringe schneiden. In der Margarine ca. 10 Minuten dünsten.
3. Gedünstete Zwiebel- und Lauchringe über die Ravioli geben und das Hackfleisch darüber verteilen. Mit den Gewürzen abschmecken.
4. Darauf die zweite Hälfte der Ravioli verteilen. Den geriebenen Käse darüberstreuen und im vorgeheizten Backofen überbacken.

Gas: Stufe 3–4 **E-Herd:** 200–220°C

Vorbereitungszeit: ca. 20 Minuten

Garzeit: ca. 30 Minuten

Pirogge mit Hackfleisch gefüllt

Zutaten

Teig:

¼ l Milch

30 g Hefe

1 EL Zucker

500 g Mehl

100 g Margarine

1 Ei

1 Prise Salz

1 Prise geriebene Muskatnuß

Fett zum Einfetten des Backbleches

Füllung:

500 g gemischtes Hackfleisch

2 Brötchen

2 Eier

1 EL Kapern

2 EL Semmelbrösel

1 EL Tomatenketchup

½ TL Thymian

½ TL Majoran

½ TL Basilikum

Salz

Cayennepfeffer

2 EL Öl

1 Becher saure Sahne

2 Eigelb

Zubereitung

1. Die Hälfte der Milch leicht erwärmen – knapp lauwarm –, die Hefe hineinbröckeln. Ein EL Zucker und ein EL Mehl einrühren.

2. Dieses so vorbereitete Hefestück in den mit 80 Grad vorgeheizten Backofen zum Gehen stellen.

3. In der Zwischenzeit die Margarine mit dem Ei, den Gewürzen, der restlichen Milch und der Hälfte des Mehls zu einem Rührteig rühren. Dick mit Mehl besieben und das vorgegangene Hefestück dazugeben, den Rest des Mehls überstäuben, so daß das Hefestück in Mehl eingebunden ist. Den Teig nun fertig kneten.

4. Eine Arbeitsplatte mit Mehl bestäuben und zwei gleichgroße Teigplatten dünn ausrollen. Mit Pergamentpapier aufrollen, so haben Sie es einfach, den Teig auf das Backblech zu legen.

5. Aus dem Hackfleisch, dem eingeweichten, wieder ausgedrückten Brötchen, den Eiern, den gehackten Kapern, den Semmelbröseln, dem Tomatenketchup, Salz, Cayennepfeffer und den Gewürzkräutern einen Fleischteig zubereiten und in heißem Öl braun braten. Zum Schluß einen Becher saure Sahne unterrühren.

6. Eine Teigplatte auf das gefettete Backblech geben. Die etwas abgekühlte Fleischfarce darüber verteilen.

7. Die zweite Teigplatte überrollen. Die Ränder andrücken. Zwei Eigelb mit etwas Wasser aufschlagen und die Pirogge damit bestreichen.

8. Die Pirogge in den mit ca. 100 Grad vorgeheizten Backofen ca. 20 Minuten zum Gehen setzen. Dann fertigbacken.

Gas: Stufe 4 **E-Herd:** 220 °C

Vorbereitungszeit: ca. 40 Minuten

Backzeit: ca. 35 Minuten

Kohlrouladen

Zutaten

1 mittelgroßer Weißkohl (750 g)
2 l Salzwasser
250 g gemischtes Hackfleisch
1 Ei
1 EL feingehackte Petersilie
frisch gemahlener weißer Pfeffer
Salz
frisch gemahlener Kümmel
Paprikapulver rosenscharf
2 EL Schweineschmalz
¾ l Fleischbrühe
1 Zwiebel
1 Lorbeerblatt
4 Nelken
Sojasauce
Stärkemehl

Zubereitung

1. Den Weißkohl putzen, waschen und den Strunk mit einem spitzen Messer ausschneiden. Den so vorbereiteten Weißkohl in kochendem Salzwasser ca. 30 Minuten leicht kochen lassen.

2. In der Zwischenzeit die Füllung vorbereiten. Dazu das Hackfleisch mit dem Ei, der feingehackten Petersilie, Pfeffer, Salz, Kümmel, Paprika vermischen und sehr pikant abschmecken.

3. Den Weißkohl aus dem Topf nehmen, etwas abkühlen lassen. Blätter einzeln ablösen. Dicke Rippen flach schneiden. Jeweils auf ein großes Blatt ein bis zwei kleinere Blätter legen.
4. Den Rest des Weißkohlkerns fein hacken und unter die vorbereitete Fleischteigmasse arbeiten. Gleichmäßig diese Füllung auf die vorbereiteten Blätter verteilen und die Kohlblätter zusammenrollen. Mit Baumwollgarn umwickeln.
5. Das Schweineschmalz erhitzen, die Kohlrouladen ringsum braun braten. Mit heißer Fleischbrühe auffüllen.
6. Die geschälte Zwiebel, gespickt mit Lorbeerblatt und Nelken, hinzufügen. Im geschlossenen Topf schmoren lassen. Die Brühe vor dem Servieren mit Stärkemehl binden.

Vorbereitungszeit: ca. 25 Minuten (ohne Garzeit des Kohlkopfes)

Garzeit: ca. 45 Minuten

Hackfleisch-Schlemmerparty

Heiße Hamburger

Zutaten

200 g Beefsteakhack
2 Zwiebeln
1 Ei
Salz
Pfefferpulver, Paprikapulver
2 EL Öl
4 Milchbrötchen
4 Salatblätter
2 Tomaten
rohe Zwiebelringe
Curryketchup

Zubereitung

1. Das Beefsteakhack mit den geschälten und gewürfelten Zwiebeln, dem Ei, Salz, Pfefferpulver, Paprikapulver zu einem pikanten Fleischteig verarbeiten.

2. Flache »Hamburger« formen und in heißem Öl braten und heiß halten.

3. Die Milchbrötchen nicht ganz durchschneiden, mit je einem Salatblatt und Tomatenscheiben belegen, die »Hamburger« heiß in die Milchbrötchen legen, mit den Zwiebelringen garnieren. Nach Belieben Curryketchup über das Fleisch gießen. Zusammengeklappt werden sie angeboten.

Vorbereitungszeit: ca. 20 Minuten

Garzeit: ca. 15 Minuten

Heiße Hamburger, Rezept S. 140

Bananenhackbraten auf Roggenbrot

Zutaten

500 g gemischtes Hackfleisch
1 Brötchen
1 Ei
frisch gemahlener Pfeffer, Salz, ½ TL Currypulver
2 Zitronen, 2 Bananen
frisches Roggenbrot, Butter zum Bestreichen
1 Bund Petersilie

Zubereitung

1. Das Hackfleisch mit dem eingeweichten, wieder gut ausgedrückten Brötchen, dem Ei, Pfeffer, Salz vermischen.
2. Das Currypulver mit dem Saft einer Zitrone verrühren und die geschälten Bananen ringsum bestreichen.
3. Den Fleischteig auf einem kalt abgespülten Küchenbrett flachdrücken und die marinierten Bananen drauflegen.
4. Dann einen Hackbraten formen und in eine gefettete Auflaufform legen. Im vorgeheizten Backofen braten.
5. Nach der Bratzeit den Braten abkühlen lassen und in gefällige Scheiben schneiden.
6. Die frischen Roggenbrotscheiben mit Butter bestreichen. Jeweils ein bis zwei Bratenscheiben – je nach Größe der Brotscheiben – darauf verteilen.
7. Zitronensaft über die Schnittfläche der Bananen tropfen.
8. Die so belegten Brotscheiben mit kleinen Petersiliensträußchen garnieren.

Gas: Stufe 4 **E-Herd:** 220 °C

Vor- und Zubereitungszeit (ohne Abkühlen des Bratens): ca. 30 Minuten

Bratzeit: ca. 40 Minuten

Bunte Hackfleischbällchen

Zutaten

250 g gemischtes Hackfleisch
1 Ei
½ Zwiebel
1 EL Semmelbrösel
Salz
frisch gemahlener Pfeffer
1 TL Meerrettich
1 TL Tomatenketchup
10 gefüllte Oliven
50 g Schinkenspeck
1 TL Parmesankäse
1 EL Öl

Zubereitung

1. Aus dem Hackfleisch, dem Ei, der in Würfel geschnittenen Zwiebel, den Semmelbröseln, Salz, Pfeffer, dem Meerrettich, dem Tomatenketchup einen pikanten Fleischteig zubereiten.
2. Die Oliven in Scheiben schneiden.
3. Den Schinkenspeck sehr fein würfeln. Mit Parmesankäse zusammen unter den Fleischteig mischen.
4. Mit feuchten Händen kleine Bällchen formen und in heißem Fett rundum braun braten. Auf Küchenkrepp gut abtropfen lassen.

Vorbereitungszeit: ca. 30 Minuten

Garzeit: ca. 10 Minuten

Varianten

Statt Oliven, Schinkenspeck, Parmesankäse

1 Dose Thunfisch in Öl

1 Paprikaschote

Zubereitung

1. Den Thunfisch gut abtropfen lassen.

2. Die Paprikaschote in heißem Wasser blanchieren und beides sehr fein geschnitten unter den »neutralen« Fleischteig arbeiten. Weitere Zubereitung wie beschrieben.

Statt Thunfisch und Paprika:

2 eingelegte rote Paprikaschoten

einige Sardellenfilets

1 EL Perlzwiebeln

Zubereitung

1. Die Paprikaschoten gut abtropfen lassen.

2. Die Sardellenfilets unter kaltem Wasser abwaschen. Beides mit Küchenkrepp abtupfen und sehr fein schneiden.

3. Ebenso mit den Perlzwiebeln verfahren.

4. Die Zutaten unter den »neutralen« Fleischteig arbeiten. Weitere Zubereitung wie beschrieben.

Ei im Hackfleischnest

Zutaten

300 g gemischtes Hackfleisch
1 Brötchen
1 Ei
Salz, Pfefferpulver
Paprikapulver rosenscharf
2 Eier
1 EL Öl
2 Kästchen Kresse
Salz
frisch gemahlener weißer Pfeffer
einige Tropfen Zitronensaft

Zubereitung

1. Aus dem Hackfleisch, dem eingeweichten, wieder ausgedrückten Brötchen, dem Ei und den Gewürzen einen pikanten Fleischteig arbeiten.
2. Die zwei Eier hart kochen, abschrecken, schälen und den Fleischteig halbieren.
3. Je eine Hälfte um die Eier hüllen und in eine ovale Form bringen. Im heißen Fett die Fleischbälle von beiden Seiten knusprig braun braten.
4. Nach dem Abkühlen die Eierfleischbälle aufschneiden und in der angemachten Kresse anrichten.
5. Dafür die Kresse aus dem Kästchen abschneiden und verlesen. In kaltem Wasser kurz waschen. Auf einem Sieb abtropfen lassen und mit Salz, Pfeffer, Zitronensaft marinieren.

Vor- und Zubereitungszeit: ca. 25 Minuten

Gefüllte Eier mit Klößchen garniert

Zutaten

375 g Hackfleisch
1 Brötchen
1 Ei
2 TL Tomatenketchup
Salz, Pfeffer, Paprikapulver
2 EL Öl
1 Bund Petersilie
6 Eier
6 EL Butter
Senf, frisch gemahlener schwarzer Pfeffer
Salz, einige Tropfen Worcestersauce, Sojasauce

Zubereitung

1. Das Hackfleisch mit dem eingeweichten, wieder ausgedrückten Brötchen, dem Ei, dem Tomatenketchup, Salz, Pfeffer und Paprikapulver gut vermischen und abschmecken.
2. Aus dem Teig kleine Kugeln formen und in heißem Öl von allen Seiten braun braten und erkalten lassen.
3. Die Eier hart kochen, kalt abschrecken, schälen und der Länge nach halbieren.
4. Die Eigelbe vorsichtig herausnehmen.
5. Die Butter cremig rühren und mit Senf, Pfeffer, Salz, Worcestersauce und Sojasauce würzen.
6. Die zerdrückten Eigelbe unterarbeiten. Mit einem Spritzbeutel in die Eihälften spritzen und auf eine Platte legen.
7. Jede gefüllte Eihälfte mit einer Hackfleischkugel garniert fertigstellen. Die restlichen Hackfleischkugeln mit dicken Petersiliensträußchen mit auf der Platte anrichten.

Vor- und Zubereitungszeit: ca. 50 Minuten

Frikadellenkarussell

Zutaten Grundrezept

500 g gemischtes Hackfleisch
1 Brötchen
1 Ei
Paprikapulver rosenscharf
Salz
frisch gemahlener schwarzer Pfeffer
1 TL Tomatenketchup
1 TL grüne Pfefferkörner
1 TL gehackte Kräuter
1 TL geriebener Meerrettich
1 TL Senf
einige Spritzer Zitronensaft
2 EL Öl

Zubereitung

1. Aus dem Hackfleisch, dem eingeweichten, wieder ausgedrückten Brötchen, dem Ei, den Gewürzen einen pikanten Hackfleischteig bereiten und Frikadellen formen.
2. In heißem Öl von beiden Seiten braun braten.

Vorbereitungszeit: ca. 20 Minuten

Bratzeit: ca. 15 Minuten

Pilzfrikadellen
200 g frische Pfifferlinge sehr gründlich waschen, blättrig geschnitten und roh unter die Hackfleischmasse geben.

Käsefrikadellen
100 g vollfetten Käse in Würfel geschnitten dazugeben.

Würstchenfrikadellen
Wiener Würstchen in Scheiben geschnitten hinzufügen.

Nußfrikadellen
80 g Haselnußkerne grob zerhackt unter den Hackfleischteig arbeiten.

Paprikafrikadellen
2 Paprikaschoten in Würfel geschnitten zu dem Hackfleischteig geben.

Wenn man den Grundteig beläßt und die fertigen Frikadellen jeweils mit einer anderen Sauce serviert, hat man nochmals zahlreiche Variationen. Siehe Saucenkapitel. Mit einer warmen Sauce sind die Frikadellen dann ein Mittag- oder Abendessen. Aber mit kalten Saucen sicher ein Genuß um Mitternacht!

Gefülltes Schweinefilet mit Hackfleisch

Zutaten

2 größere Schweinefilet
Salz
frisch gemahlener schwarzer Pfeffer
Currypulver
Knoblauchpulver
250 g gemischtes Hackfleisch
½ Brötchen
1 Ei
1 EL Semmelbrösel
1 TL Senf
1 TL Meerrettich aus der Tube
1 TL Sojasauce
einige Tropfen Zitronensaft
1 TL Majoran
2 EL Öl
1 Zitrone
1 Bund Petersilie

Zubereitung

1. In die Schweinefilets mit einem sehr scharfen Messer eine Tasche schneiden, die zum Füllen geeignet ist.

2. Die Filets waschen, mit Küchenkrepp abtrocknen und mit Salz, Pfeffer, Curry- und Knoblauchpulver innen und außen gründlich einreiben.

3. Das gemischte Hackfleisch mit der eingeweichten, wieder ausgedrückten Brötchenhälfte, dem Ei, den Semmelbröseln, dem Senf, dem Meerrettich, Sojasauce, Zitronensaft und Majoran zu einem pikanten Teig verarbeiten und in die Fleischtaschen füllen.
4. Die Öffnung entweder mit Rouladennadeln zustecken oder die Filets mit einem Baumwollfaden wie einen Rollbraten binden und in heißem Öl rundum braun braten. Beide Filets in Alufolie wickeln und im Backofen fertig garen.
5. Nach dem Garen und Abkühlen in gefällige Scheiben schneiden und auf einer Platte mit Zitronenschnitzen und Petersiliensträußchen garniert anrichten.

Gas: Stufe 3 **E-Herd:** 200 °C

Vorbereitungszeit: ca. 20 Minuten

Garzeit: ca. 25 Minuten

Gefülltes Stangenweißbrot mit Kräuterbutter

Zutaten

1 Stangenweißbrot
400 g gemischtes Hackfleisch
1 Ei
1 Zwiebel
Majoran, Salz, frisch gemahlener Pfeffer
einige Spritzer Worcestersauce
1 EL Tomatenketchup, 1 Prise Knoblauchpulver
40 g Kräuterbutter

Zubereitung

1. Das Stangenweißbrot in 3 Teile schneiden. Die Brotenden abschneiden.
2. Die Stücke mit einem breiten Messer sauber aushöhlen und die ausgeschnittenen Brotkrumen mit kochendem Wasser übergießen. Nach kurzem Ziehen in ein Haarsieb zum Abtropfen geben.
3. Nach dem Abkühlen zusammen mit dem Hackfleisch, dem Ei, der geschälten und gewürfelten Zwiebel sowie den Gewürzen durcharbeiten und abschmecken.
4. Mit einem Teelöffel die Masse sehr sorgfältig in die Brotstücke füllen.
5. Ein großes Stück Alufolie dick mit Kräuterbutter bestreichen und die gefüllten Brote locker damit umschließen. Die Enden der Folie gut abschließen. Im vorgeheizten Backofen backen.

Gas: Stufe 4 **E-Herd:** 220 °C

Vorbereitungszeit: ca. 30 Minuten

Garzeit: ca. 40 Minuten

Gegrillte Hacksteaks, pikant angerichtet

Zutaten

1 große Sellerieknolle
Salzwasser
1 Zitrone
375 g gemischtes Hackfleisch
1 Ei
1 Brötchen
1 TL Tomatenmark
1 TL Paprikapulver edelsüß
Salz, Cayennepfeffer
1 EL gemischte Tiefkühl-Kräuter
Öl zum Bestreichen
2 Tomaten
1 Bund Petersilie

Zubereitung

1. Die gewaschene Sellerieknolle in kochendes Salzwasser geben und darin garen.
2. Die Knolle schälen, in vier gleichmäßige Scheiben schneiden. Mit Zitronenschnitzen abreiben.
3. Aus dem Hackfleisch, dem Ei, dem eingeweichten, wieder ausgedrückten Brötchen, dem Tomatenmark, Paprikapulver, Salz, Cayennepfeffer und den gemischten Kräutern einen pikanten Hackfleischteig zubereiten und vier Steaks formen.
4. Mit Öl bestreichen und im vorgeheizten Grill von jeder Seite ca. 4 Minuten grillen.
5. Nun die Steaks auf die Selleriescheiben legen und auf einer Platte, mit Tomatenachteln und Zitronenschnitzen angerichtet, servieren.

Mexikanischer Hackfleischstrudel

Zutaten

Strudelteig:
250 g Mehl
⅛ l Wasser
Salz
50 g Margarine
1 Ei
Hackfleischfüllung:
1 EL Öl
500 g gemischtes Hackfleisch
2 TL grüne Pfefferkörner
frisch gemahlener schwarzer Pfeffer
Paprikapulver rosenscharf
Knoblauchpulver
1 TL Senf
1 Dose Tomatenmark
1 kleine Dose Maiskörner
1 EL feingeschnittene Petersilie
1 TL Kräuter der Provence
1 EL Crème fraîche

Zubereitung

1. Das Mehl auf ein Brett sieben. Das Wasser in die Mitte des Mehles rühren und vom Rand nach und nach Mehl dazunehmen. Zuletzt Salz und die durch Erhitzen flüssig gewordene Margarine dazugeben.

2. Den Teig so lange kneten, bis er geschmeidig ist und sich vom Brett löst. Den Teig mit lauwarmem Wasser bestreichen und etwa 30 Minuten unter einer vorgewärmten Schüssel ruhen lassen.
3. Danach mit einer Teigrolle auf einem bemehlten Leinen- oder Geschirrtuch ½ cm dick ausrollen und dann über den Handrücken von der Mitte aus nach allen Seiten dünn ausziehen.
4. Für die Hackfleischfüllung das Öl erhitzen und das Hackfleisch bräunen. Nach und nach alle weiteren Zutaten unterziehen und mit Crème fraîche abrunden.
5. Die etwas abgekühlte Hackfleischmasse gleichmäßig auf dem Strudelteig verteilen. Die Ränder freilassen und mit etwas aufgeschlagenem Eiweiß bestreichen.
6. Den belegten Strudelteig mit Hilfe des Tuches aufrollen, auf ein gefettetes Backblech legen.
7. Damit eine besonders schöne goldgelbe Farbe erzielt wird, den Strudel mit Wasser verdünntem aufgeschlagenem Eigelb bestreichen. Im vorgeheizten Backofen backen.

Gas: Stufe 4–5 **E-Herd:** 230 °C

Vorbereitungszeit: ca. 30 Minuten (ohne Ruhezeit des Strudelteiges)

Backzeit: ca. 45 Minuten

Hackfleischsalat mit Obst

Zutaten

375 g gemischtes Hackfleisch
1 Brötchen
1 Ei
2 EL Tomatenketchup
Salz, Pfefferpulver, Paprikapulver
Ingwerpulver, Knoblauchpulver
2 EL Öl
1 kleine Dose Champignonköpfe
1 Dose Mandarinen
1 Dose Ananasstückchen
100 g Mayonnaise
1 TL Senf, Currypulver
1 EL Mandarinensaft
1 EL Ananassaft
1 EL Weinbrand

Zubereitung

1. Aus dem Hackfleisch, dem eingeweichten, wieder ausgedrückten Brötchen, dem Ei, dem Tomatenketchup, Salz, Pfeffer, Paprika-, Ingwer- und Knoblauchpulver einen pikanten Fleischteig zubereiten.
2. Mit feuchten Händen kleine Kugeln formen und in heißem Öl rundum braun und gar braten. Zum Abkühlen wegstellen.
3. Die Champignonköpfe, die Mandarinen und die Ananasstückchen auf ein Sieb zum Abtropfen geben.
4. Die Mayonnaise mit dem Senf, dem Curry, dem Obstsaft und dem Weinbrand verrühren und über die Salatzutaten gießen.
5. Alles zusammen locker mischen und durchziehen lassen.

Vor- und Zubereitungszeit: ca. 40 Minuten

Hackbraten auf dem Blech

Zutaten

1 Toastbrot (500 g)
250 g Zwiebeln
2 kg gemischtes Hackfleisch
8 Eier
125 g mittelscharfer Senf
Salz
Pfefferpulver
1 EL geriebener Meerrettich
1 EL grüne Pfefferkörner

Zubereitung

1. Die Rinde vom Toastbrot schneiden. In kaltem Wasser einweichen und wieder gut ausdrücken, zerbröseln.
2. Die Zwiebeln schälen und fein würfeln.
3. Das Hackfleisch mit dem Brot, den Zwiebeln, den Eiern, dem Senf, Salz, Pfeffer, dem Meerrettich und den zerdrückten Pfefferkörnern zu einem glatten Teig verarbeiten.
4. Den Hackfleischteig mit feuchten Händen auf ein gefettetes Backblech verteilen und glattstreichen. Im vorgeheizten Backofen braten.
5. Den fertigen Hackbraten noch auf dem Blech in Rechtecke schneiden, auf Platten legen und noch warm servieren.
Ca. 20 Portionen.

Gas: Stufe 4 **E-Herd:** 220 °C

Vorbereitungszeit: ca. 20 Minuten

Bratzeit: ca. 25 Minuten

Krabbenhäppchen

Zutaten

400 g Krabben
100 g feines Schweinemett
1 Ei
½ Tasse süße Sahne
4 EL Mehl
1 Bund Dill, Salz
weißer Pfeffer aus der Mühle
1 TL geriebene Zitronenschale
1 Prise Zucker
2 cl Weinbrand
Fett zum Ausbacken
Holzspießchen
Für die Garnitur:
exotische Früchte (Kiwi, Mango usw.)

Zubereitung

1. Die Krabben unter fließendem Wasser abwaschen, trockentupfen und durch die feine Scheibe des Fleischwolfes drehen.
2. Mit dem Schweinemett, dem Ei, der Sahne und dem Mehl zu einer kompakten Masse verarbeiten.
3. Den feingehackten Dill unterziehen, mit Salz, Pfeffer, Zitronenschale und Zucker abschmecken.
4. Mit dem Weinbrand aromatisieren, zu Kugeln formen und im schwimmenden Fett ausbacken.
5. Auf Holzspießchen stecken und mit den verschiedenen exotischen Früchten garnieren und servieren.

Vorbereitungszeit: 10 Minuten

Zubereitungszeit: 5 Minuten

Krabbenhäppchen (links), und Kräuterkugeln (rechts),
Rezepte S. 158 und S. 161

Kräuterkugeln

Zutaten

500 g feines Schweinemett
2 Eier
½ Tasse Milch
1 EL grüne Pfefferkörner
1 Bund Petersilie
1 Bund Schnittlauch
½ Bund Zitronenmelisse
Salz
weißer Pfeffer aus der Mühle
1 Prise Muskat
1 Prise Zucker

Zubereitung

1. Das Schweinemett in eine Schüssel geben und mit den Eiern und der Milch zu einer glatten Masse verrühren.
2. Die grünen Pfefferkörner, die gehackte Petersilie, den feingeschnittenen Schnittlauch und die gehackte Zitronenmelisse unter die Brätmasse arbeiten.
3. Mit Salz, Pfeffer, Muskat und Zucker abschmecken.
4. Zu runden Kugeln formen und im schwimmenden Fett braten.
5. Auf Holzspießchen stecken, mit verschiedenem süßsaurem Gemüse und mit Früchten garnieren und servieren.

Vorbereitungszeit: ca. 15 Minuten

Zubereitungszeit: ca. 5 Minuten

Mitternachtssuppe

Zutaten

4 Zwiebeln
4 Gewürzgurken
2 Äpfel
250 g gemischtes Hackfleisch
1 EL Margarine
1 EL Tomatenmark
1 TL Senf
1 TL Meerrettich aus der Tube
Salz
gemahlener schwarzer Pfeffer
1 l Fleischbrühe
1 Gläschen Madeira

Zubereitung

1. Die Zwiebeln schälen und in sehr feine Würfel schneiden. Ebenso die Gewürzgurken.

2. Die Äpfel schälen, vierteln, entkernen und möglichst in gleich große Würfel wie Zwiebeln und Gurken schneiden.

3. Alles zusammen mit dem Hackfleisch in der heißen Margarine unter gelegentlichem Umrühren andünsten.

4. Mit dem Tomatenmark, dem Senf, dem Meerrettich, Salz und frisch gemahlenem schwarzen Pfeffer würzen.

5. Mit der Fleischbrühe auffüllen und bei geringer Hitze gar ziehen lassen. Vor dem Servieren ein Gläschen Madeirawein unterziehen.

Vorbereitungszeit: ca. 20 Minuten

Garzeit: ca. 20 Minuten

Pikante Beefbällchen

Zutaten

500 g Beefsteakhack
1 Ei
2 EL Semmelbrösel
Salz
frisch gemahlener Pfeffer
Worcestersauce
Sojasauce
1 TL grüne Pfefferkörner
125 g italienischer Butterkäse
1 eingelegte rote Paprikaschote
2 EL Öl

Zubereitung

1. Das Hackfleisch mit dem Ei, den Semmelbröseln, Salz, Pfeffer, Worcestersauce, Sojasauce vermischen.
3. Die grünen Pfefferkörner auf einem Küchenbrett mit einer Gabel zerdrücken und unter den Fleischteig arbeiten.
3. Den Butterkäse und die gut abgetropfte Paprikaschote sehr fein würfeln und untermischen.
4. Hackbällchen formen, falls der Fleischteig zu weich ist, noch Semmelbrösel unterarbeiten.
5. Die Hackbällchen auf Holzspieße stecken und in der Pfanne in heißem Öl rundum braun braten.

Vorbereitungszeit: ca. 45 Minuten

Garzeit: ca. 12 Minuten

Saucen mit und für Hackfleisch

Cocktailsauce

Zutaten

1 Packung Helle Delikateßsauce
3 EL Mayonnaise
1 Gewürzgurke
1 hartgekochtes Ei
Dill oder Petersilie
5 EL Tomatenketchup
2–3 EL Zitronensaft
1 Glas Weinbrand
Pfefferpulver
Salz
Zucker
Tabasco

Zubereitung
1. Die Helle Delikateßsauce nach Anweisung des Herstellers zubereiten und die Mayonnaise in die heiße Sauce rühren.
2. Die Gurke, das Ei und die Kräuter fein hacken und dazugeben. Mit Tomatenketchup, Zitronensaft, Weinbrand und den Gewürzen pikant abschmecken.

Vor- und Zubereitungszeit: ca. 15 Minuten

Hackfleischsauce für den Nudelfan

Zutaten

2 EL Öl
250 g gemischtes Hackfleisch
1 Knoblauchzehe
2 Zwiebeln
1 Bund Suppengrün
2 EL Tomatenmark
½ l Brühe
Salz
Majoran

Zubereitung

1. Das Öl erhitzen, das Hackfleisch scharf anbraten.

2. Die Knoblauchzehe schälen, mit einer Gabel auf einem Küchenbrett zerdrücken.

3. Die Zwiebeln schälen, sehr fein würfeln. Beides zu dem Hackfleisch geben.

4. Das Suppengrün waschen, putzen, ebenfalls fein schneiden und hinzufügen, kurz durchdünsten.

5. Das Tomatenmark einrühren, mit Brühe ablöschen und abschmecken.

Vorbereitungszeit: ca. 10 Minuten

Garzeit: ca. 20 Minuten

Kalte Saucen zum Dippen für Frikadellen

Zutaten

3 EL Öl

4 EL Tomatenketchup

1 Zwiebel

1 Gläschen gefüllte Oliven

Salz, Cayennepfeffer

2 TL Weinbrand

Petersilie

Dill

Zubereitung

1. Das Öl mit Ketchup verrühren.

2. Eine sehr fein geschnittene Zwiebel und die Olivenscheiben hinzufügen, mit den Gewürzen und feingehackten Kräutern pikant abschmecken.

oder

Zutaten

¼ l saure Sahne

1–2 EL Milch

Saft von 1 Zitrone

1 EL Senf

Salz, Pfefferpulver

2 hartgekochte Eier

1 Gewürzgurke

1 Zwiebel

2 EL frische Kräuter (Schnittlauch, Dill, Petersilie, Borretsch, Pimpernelle)

Zubereitung

1. Die saure Sahne mit der Milch und dem Zitronensaft aufschlagen, mit den Gewürzen abschmecken.

2. Die Eier, die Gewürzgurke, die Zwiebel in feine Würfel schneiden.

3. Die Kräuter fein wiegen, mit der Sahne mischen. Die Sauce gut gekühlt servieren.

oder

Zutaten

4 hartgekochte Eigelb
4 EL Rotwein
4 EL Öl
1 TL Senf
Saft von 1 Zitrone
Pfefferpulver
Salz
1 Prise Zucker

Zubereitung

1. Die Eigelbe durch ein Sieb streichen und mit dem Rotwein und dem Öl gut verquirlen.

2. Mit Senf, Zitronensaft und den Gewürzen abschmecken.

Senfsauce

Zutaten

40 g Fett
40 g Mehl
½ l Brühe
2 EL Senf, ½ TL Senfpulver
2 EL Kapern
1 Messerspitze Currypulver
Knoblauchsalz

Zubereitung

1. Das Fett zerlassen und das Mehl darin andünsten.

2. Mit der heißen Brühe nach und nach auffüllen und durchkochen lassen.

3. Den Senf, das Senfpulver, die zerhackten Kapern, Currypulver und Knoblauchsalz hinzufügen, abschmecken.

Vor- und Zubereitungszeit: ca. 15 Minuten

Cumberlandsauce

Zutaten

2 EL Johannisbeergelee
1 EL Rotwein
2 TL scharfer Senf
etwas feingehackte Zwiebel
Zitronensaft
Salz

Zubereitung

1. Das Johannisbeergelee, Rotwein, Senf und feingehackte Zwiebel gut miteinander verschlagen und mit Zitrone und Salz abschmecken.

Vor- und Zubereitungszeit: ca. 15 Minuten

Curry-Apfel-Mayonnaise

Zutaten

1 gehackte Zwiebel
2 EL Öl
1 Apfel
¼ l Wasser
1 Packung Delikateß-Currysauce
1 Beutel Mayonnaise (100 g)
Currypulver

Zubereitung

1. Die Zwiebel in Öl dünsten und den geschälten, in Würfel geschnittenen Apfel hinzufügen.
2. Mit ¼ l Wasser auffüllen und nach Anweisung die Currysauce darin zubereiten.
3. Zum Schluß die Mayonnaise unterrühren und mit Currypulver abschmecken.

Vor- und Zubereitungszeit: ca. 20 Minuten

Hackfleisch-Champignon-Sauce

Zutaten

1 Zwiebel
2 EL Öl
375 g gemischtes Hackfleisch
Knoblauchpulver
Paprikapulver
1 kleine Dose Champignons
⅛ l saure Sahne
2 TL Stärkemehl
1 EL Madeirawein

Zubereitung

1. Die Zwiebel schälen und würfeln.
2. Das Öl erhitzen und Zwiebelwürfel darin andünsten. Das Hackfleisch dazugeben und anbraten. Mit Knoblauch- und Paprikapulver würzen.
3. Die Champignons in Scheiben geschnitten hinzufügen.
4. Dann Pilzwasser und ¼ l Wasser zugießen. Mit in saurer Sahne angerührtem Stärkemehl binden und mit Madeirawein abschmecken.

Vor- und Zubereitungszeit: ca. 30 Minuten

Sherrysauce

Zutaten

⅛ l Sherry

½ abgeriebene Zitronenschale

1 Prise Rosmarin

1 Prise Basilikum

1 Prise gemahlene Nelken

2 Zitronenscheiben

2 Zwiebelscheiben

100 g geriebene Mandeln

Zubereitung

1. Den Sherry, die Zitronenschale, Rosmarin, Basilikum, Nelken, die Zitronenscheiben und die Zwiebelscheiben zusammen in ein Schälchen geben.

2. 2 EL Sherry mit den Mandeln vermischen und beides gut zugedeckt im Kühlschrank ca. 2 Stunden ziehen lassen.

3. Anschließend Zitronen- und Zwiebelscheiben entfernen und die Mandelmischung mit der Sherrysoße vermischen.

Zubereitungszeit (ohne Kühlzeit): ca. 15 Minuten

Kräutersauce

Zutaten

1 Päckchen Helle Sauce
1 TL Schnittlauch
1 TL Basilikum
1 TL Dill
1 TL Estragon
Senfpulver
Knoblauchsalz
2 EL Crème fraîche

Zubereitung

1. Die Sauce nach Anweisung des Herstellers zubereiten.
2. Die Kräuter, soweit sie frisch sind, sehr fein schneiden.
3. Mit Senfpulver und Knoblauchsalz evtl. nachwürzen.
4. Zum Schluß Crème fraîche unterrühren.

Vor- und Zubereitungszeit: ca. 15 Minuten

Tomatensauce

Zutaten

4 EL Öl
3 Knoblauchzehen
1⁄1 Dose geschälte Tomaten
Salz
frisch gemahlener schwarzer Pfeffer
Oregano

Zubereitung

1. Das Öl erhitzen, die Knoblauchzehen schälen, zerhacken und andünsten.
2. Die Tomaten grob zerschneiden, zufügen, würzen, etwas einkochen lassen. Mit den Gewürzen abschmecken.

Vor- und Zubereitungszeit: ca. 15 Minuten

Specksauce

Zutaten

100 g durchwachsener Speck
50 g Mehl
1 Zwiebel
½ l Brühe
evtl. Salz und ein Schuß Essig

Zubereitung

1. Den Speck in feine Würfel schneiden und im Topf auslassen.
2. Das Mehl überstäuben und bräunen lassen. Erst dann die geschälte, in feine Würfel geschnittene Zwiebel hinzufügen.
3. Langsam mit heißer Brühe auffüllen. Kräftig durchrühren und mit Salz und einem Schuß Essig nachwürzen. Bei geringer Hitze ziehen lassen.

Vorbereitungszeit: ca. 10 Minuten

Garzeit: ca. 15 Minuten

Teufelssauce

Zutaten

2 Dosen Tomatenmark
3–4 EL Tomatenketchup
4 EL Öl
1 EL Essig
1 TL Selleriesalz
1 TL Currypulver
1 TL Paprikapulver – rosenscharf
15 Tropfen Tabasco
1 Messerspitze Zimt
1 Messerspitze Zucker

Zubereitung

1. Das Tomatenmark in eine Schüssel geben und mit dem Tomatenketchup, dem Öl, dem Essig, dem Selleriesalz, dem Currypulver, dem Paprikapulver, dem Tabasco, dem Zimt und dem Zucker kräftig verschlagen.

2. Falls die Sauce zu dick wird, einige Tropfen Wasser unterrühren. Ist die Sauce zu scharf geraten, etwas leicht geschlagene Sahne unterziehen.

Vor- und Zubereitungszeit: ca. 10 Minuten

Rezeptverzeichnis